AF283678

Introducción a IOT, *Smart City* e inteligencia artificial

Paula Rosado Jiménez

ic editorial

Introducción a IOT, *Smart City* e inteligencia artificial
© Paula Rosado Jiménez

1ª Edición

© IC Editorial, 2025

Editado por: IC Editorial
c/ Cueva de Viera, 2, Local 3
Centro Negocios CADI
29200 Antequera (Málaga)
Teléfono: 952 70 60 04
Fax: 952 84 55 03
Correo electrónico: iceditorial@iceditorial.com
Internet: www.iceditorial.com

ISBN: 978-84-1184-627-1
Depósito Legal: MA 336-2025

Impresión: PODiPrint
Impreso en Andalucía – España

Nota de la editorial: IC Editorial pertenece a Innovación y Cualificación S. L.

Índice

Unidad de aprendizaje 1
Identificación de los sistemas IoT en entornos de cobertura 5G

1. Introducción   9
2. Concepto de IoT   10
3. Pilares del IoT   12
4. Cómo conectar lo desconectado   14
5. Transición a IoT   17
6. Unificación de todos los sistemas IoT en entornos
   de cobertura 5G   22
7. Resumen   27
   Ejercicios de autoevaluación   29

Unidad de aprendizaje 2
Conocimiento de las *smart cities* en entornos de cobertura 5G

1. Introducción   33
2. Concepto de *smart cities*   34
3. Regulación de las *smart cities* en entornos de cobertura 5G   37
4. Ámbitos: *smart economy, smart environment, smart government,
   smart people, smart mobility, smart living*   41
5. Catálogo de Servicios Smart   52
6. Resumen   57
   Ejercicios de autoevaluación   59

Unidad de aprendizaje 3
**Caracterización de la inteligencia artificial en entornos
de cobertura 5G**

1. Introducción   63
2. Modelos de inteligencia artificial   63
3. Sistemas de aprendizaje automático y manuales   68
4. Programación de inteligencia artificial, NLP, *text to speech,
   speech to text* y algoritmos   73

5. Inteligencia artificial aplicada a *big data, blockchain,* 5G, IoT
   y *smart cities*   78
6. Resumen   83
   Ejercicios de autoevaluación   85

Glosario   89

Bibliografía   93

OBJETIVOS GENERALES

Los objetivos generales de **Introducción a IOT, Smart City e inteligencia artificial,** son los siguientes:

- ⮞ Identificar las relaciones entre inteligencia artificial y sensorización para la creación de ciudades inteligentes.
- ⮞ Comprender el concepto de *smart city* y su integración en entornos de cobertura 5G, analizando los diferentes ámbitos que las conforman, la regulación que las respalda y el catálogo de servicios que ofrecen para mejorar la calidad de vida urbana.
- ⮞ Comprender el concepto de IoT y su integración en los entornos de cobertura 5G, analizando los beneficios y desafíos de esta tecnología y su impacto en la interconexión de dispositivos, servicios y sistemas inteligentes.
- ⮞ Analizar y caracterizar la integración y el impacto de la inteligencia artificial (IA) en entornos de redes 5G, destacando su papel en la optimización de recursos, mejora de servicios y habilitación de nuevas aplicaciones, con el fin de evaluar su contribución al desarrollo de infraestructuras de comunicación más eficientes y avanzadas.

Identificación de los sistemas IoT en entornos de cobertura 5G

Contenido

1. Introducción
2. Concepto de IoT
3. Pilares del IoT
4. Cómo conectar lo desconectado
5. Transición a IoT
6. Unificación de todos los sistemas IoT en entornos de cobertura 5G
7. Resumen

Objetivos

El objetivo general de esta Unidad de Aprendizaje es:

→ Comprender el concepto de IoT y su integración en los entornos de cobertura 5G, analizando los beneficios y desafíos de esta tecnología y su impacto en la interconexión de dispositivos, servicios y sistemas inteligentes.

Los objetivos específicos de esta Unidad de Aprendizaje son:

→ Definir el concepto de Internet de las Cosas (IoT) y su importancia en la sociedad actual.

→ Identificar los pilares fundamentales del IoT, tales como los sensores, la conectividad y el procesamiento en la nube.

→ Analizar cómo se conectan dispositivos previamente desconectados a través de IoT, mejorando su funcionalidad y eficiencia.

→ Explorar la transición de sistemas tradicionales a IoT y su implementación en diferentes sectores, como el transporte, la salud y la agricultura.

→ Evaluar el papel clave de la red 5G en la unificación de sistemas IoT, permitiendo la conexión simultánea de dispositivos con baja latencia y mayor velocidad.

→ Optimizar los recursos de una empresa de transporte.

1. Introducción

Te encuentras en un momento en el que la tecnología está transformando todo lo que te rodea. El Internet de las Cosas (IoT) es una de las innovaciones más importantes de esta era, y permite que los objetos cotidianos, desde electrodomésticos hasta vehículos, estén interconectados a través de internet. Esta red de dispositivos conectados no solo hace tu vida más fácil, sino que también tiene el potencial de mejorar procesos industriales, optimizar ciudades y revolucionar sectores como la salud y el transporte.

A lo largo de esta unidad y de las siguientes, te adentrarás en el mundo del IoT, comenzando por entender su concepto y los pilares que lo sostienen, como los sensores y la conectividad. Verás cómo estos elementos interactúan entre sí para conectar lo que antes estaba aislado. Analizarás el proceso de transición hacia un mundo totalmente interconectado, donde los dispositivos dejan de ser simples herramientas para convertirse en sistemas inteligentes que responden a tu entorno y a tus necesidades.

Finalmente, descubrirás el papel fundamental que juega la red 5G en la unificación de los sistemas IoT. Esta tecnología es la base que permite que millones de dispositivos trabajen juntos con baja latencia y alta velocidad, facilitando la creación de ciudades inteligentes, vehículos autónomos y muchos otros avances que están cambiando la forma en la que vives y te conectas con el mundo.

En esta unidad, te pondrás en el papel de una persona que no solo entiende el IoT, sino que también puede visualizar cómo estas tecnologías le afectan directamente y cómo puede aprovecharlas en su vida diaria y profesional. Vamos a comenzar esta fascinante inmersión en el futuro conectado.

TechCity Solutions ha decidido dar un paso más en su evolución tecnológica implementando sistemas IoT en su nueva línea de productos domésticos inteligentes. Como jefe del departamento de innovación, te enfrentas al reto de liderar esta transformación. Desde termostatos que regulan la temperatura de manera automática hasta sistemas de iluminación que responden a tus necesidades, tu misión será asegurar que todos estos dispositivos se conecten de manera eficiente a través de redes avanzadas como la 5G. En esta unidad, explorarás cómo el IoT puede conectar estos dispositivos y mejorar la vida cotidiana, tanto a nivel doméstico como industrial. Mientras recorres los distintos conceptos de IoT, descubrirás cómo TechCity Solutions puede aprovechar esta tecnología para seguir siendo un referente en la industria.

2. Concepto de IoT

 HILO CONDUCTOR

TechCity Solutions, al expandir sus operaciones hacia la implementación de ciudades inteligentes, ha comenzado a desarrollar una infraestructura que utiliza el Internet de las Cosas (IoT) para gestionar servicios urbanos como el tráfico, la energía y la seguridad. Como responsable del proyecto, tendrás que analizar cómo el IoT y la red 5G pueden trabajar juntos para hacer posible la interacción entre miles de sensores y dispositivos en tiempo real. En esta sección, te adentrarás en el uso del IoT para conectar todo lo que antes estaba desconectado, desde sistemas de alumbrado público hasta semáforos inteligentes que se ajustan automáticamente al flujo del tráfico. El objetivo es claro: transformar las ciudades en espacios más eficientes y sostenibles para todos.

El Internet de las Cosas (IoT) es un sistema de dispositivos físicos interconectados que pueden recopilar y compartir datos a través de redes de internet sin necesidad de intervención humana. Estos dispositivos, que van desde electrodomésticos hasta vehículos y maquinaria industrial, están equipados con sensores y *software* que les permiten "hablar" entre ellos.

Imagina que tu hogar está lleno de dispositivos inteligentes: el termostato ajusta la temperatura según el clima, las luces se apagan automáticamente cuando sales de casa, y tu coche te avisa si hay tráfico en tu ruta habitual. Todo esto es posible gracias al IoT, que conecta lo que antes estaba desconectado, permitiendo que los dispositivos tomen decisiones basadas en datos en tiempo real.

 DEFINICIÓN

El Internet de las Cosas
Es una red de objetos físicos que utilizan sensores y conectividad para intercambiar datos con otros dispositivos, sistemas y aplicaciones a través de internet.

Piensa en tu día a día: desde que te despiertas hasta que te acuestas, interactúas con una variedad de dispositivos que podrían estar conectados a internet. Imagina que tu despertador inteligente ajusta la hora de tu alarma basándose en el tráfico en tiempo real. Después de levantarte, el termostato ya ha calentado tu casa a la temperatura ideal, y cuando sales, las luces y el sistema de seguridad se activan automáticamente. Todos estos dispositivos están conectados entre sí y funcionan de manera sincronizada, gracias al IoT.

 ## SABÍAS QUE...

Según estudios recientes, se estima que en 2030 habrá más de 50 mil millones de dispositivos conectados a internet en todo el mundo. Esto significa que prácticamente cada aspecto de tu vida estará influido por el IoT, desde la forma en que te transportas hasta cómo consumes energía.

El IoT está transformando múltiples aspectos de tu vida diaria. Desde dispositivos personales, como relojes inteligentes y asistentes de voz, hasta sistemas complejos en industrias y ciudades inteligentes, la capacidad de interconectar objetos está optimizando procesos y mejorando la eficiencia.

Por ejemplo, en el ámbito de la salud, un reloj inteligente puede monitorear tu ritmo cardíaco y enviar alertas a tu médico si detecta alguna anomalía. En las ciudades inteligentes, el IoT ayuda a gestionar el tráfico en tiempo real, ajustando los semáforos para reducir atascos. En la industria, el IoT facilita el control y monitoreo de la maquinaria para prevenir fallos, lo que reduce costes y mejora la productividad.

 ## RECUERDA

El IoT no se trata solo de conectar dispositivos, sino de cómo los datos recopilados permiten que los sistemas respondan de forma automatizada y eficiente a diferentes situaciones.

3. Pilares del IoT

☞ HILO CONDUCTOR

Después de liderar el mercado en el ámbito de la seguridad de la información y la innovación en redes móviles, TechCity Solutions decidió implementar nuevas soluciones basadas en el Internet de las Cosas (IoT). El equipo sabía que, para lograr una integración efectiva, debía entender y aplicar los tres pilares fundamentales del IoT:

1. Sensores. TechCity Solutions comenzó a desarrollar sensores avanzados para sus soluciones IoT. Estos sensores eran capaces de recopilar información en tiempo real, lo que permitía a sus dispositivos tomar decisiones automáticas. Imagina que tú estás en una ciudad donde los semáforos ajustan su tiempo de cambio según el flujo de tráfico en ese momento. Esto es posible gracias a la implementación de sensores inteligentes.
2. Conectividad. El equipo de TechCity Solutions sabía que para que los sensores fueran realmente útiles, debían estar conectados entre sí. Aquí es donde la conectividad juega un papel crucial. Utilizando la red 5G, la empresa logró conectar miles de dispositivos en una misma ciudad, asegurando que todos los datos recogidos se transmitieran sin retrasos. Piensa en tu reloj inteligente, que recibe notificaciones instantáneas gracias a la conexión con tu móvil; este es un claro ejemplo de cómo la conectividad facilita tu vida diaria.
3. Procesamiento de datos en la nube. Finalmente, todo lo que los sensores recogen y transmiten a través de la conectividad debe ser procesado. TechCity Solutions implementó una infraestructura de procesamiento en la nube que permitía analizar grandes volúmenes de datos en tiempo real. Con esta tecnología, la empresa fue capaz de ofrecer soluciones personalizadas, como el ajuste automático de la temperatura en edificios para optimizar el consumo energético.

El **Internet de las Cosas (IoT)** se basa en tres pilares fundamentales que permiten que los dispositivos se conecten, recopilen información y tomen decisiones automáticamente. A continuación, te presentamos estos conceptos clave de manera interactiva:

➲ **Sensores:**

    ↻ Los sensores son dispositivos que permiten a los objetos "sentir" el mundo a su alrededor. Recogen datos del entorno, como temperatura, movimiento, luz, humedad, entre otros, y los transmiten para ser procesados.

‿ Un ejemplo puede ser un sensor de movimiento que pueda activar las luces de tu casa cuando detecta que llegas a una habitación.

‿ Los sensores también se utilizan en agricultura para monitorear la humedad del suelo y activar el riego solo cuando es necesario, lo que optimiza el uso de recursos.

⊃ Conectividad:

‿ La conectividad es lo que permite que los dispositivos IoT se comuniquen entre sí y con otros sistemas. Esto puede ocurrir a través de tecnologías como wifi, *bluetooth* o redes móviles como la 5G.

‿ Un ejemplo puede ser tu reloj inteligente, que está conectado a tu teléfono, lo que permite que recibas notificaciones en tiempo real.

⊃ Procesamiento de datos en la nube:

‿ Una vez que los sensores recopilan datos y los dispositivos se conectan, toda esa información necesita ser procesada. Aquí es donde entra en juego la computación en la nube, que permite almacenar, analizar y gestionar enormes cantidades de datos de manera eficiente.

‿ Un ejemplo puede ser un termostato inteligente, que ajusta automáticamente la temperatura de tu casa al procesar los datos que recibe de los sensores sobre las condiciones climáticas y tu rutina diaria.

‿ Es importante mantenerse siempre informado sobre las últimas soluciones de almacenamiento en la nube, ya que estas tecnologías avanzan rápidamente y ofrecen nuevas oportunidades para optimizar el uso del IoT.

La red 5G es crucial para la expansión del IoT, ya que permite una conectividad más rápida y estable, esencial para dispositivos que requieren respuestas inmediatas.

ACTIVIDAD COMPLEMENTARIA

1. Piensa en tres dispositivos que utilizas en tu día a día y en cómo podrían mejorar si integraran los tres pilares del IoT (sensores, conectividad y procesamiento en la nube). Reflexiona sobre cómo el uso de estos pilares puede mejorar tu productividad y tu calidad de vida.

---

4. Cómo conectar lo desconectado

 HILO CONDUCTOR

TechCity Solutions reconoció el potencial de conectar dispositivos desconectados en diferentes sectores para mejorar la eficiencia y la toma de decisiones.

En la industria, la empresa implementó sensores en maquinaria que permitían detectar fallos antes de que ocurrieran, reduciendo tiempos de inactividad y optimizando la producción.

En el sector de la salud, conectaron dispositivos médicos que monitoreaban a los pacientes en tiempo real, enviando alertas automáticas a los médicos en caso de emergencias. Estas soluciones demostraron que conectar lo desconectado no solo aumenta la eficiencia, sino que también salva vidas.

Al expandirse al sector del transporte, TechCity Solutions integró vehículos con sistemas de comunicación que les permitían ajustar rutas en tiempo real según el tráfico. Esta innovación mejoró la movilidad urbana, reduciendo los tiempos de viaje y aumentando la eficiencia del transporte.

Sin embargo, a medida que se conectaban más dispositivos, la empresa también enfrentó el desafío de la seguridad, desarrollando soluciones avanzadas para proteger los datos de los sistemas interconectados. En resumen, TechCity Solutions ha liderado el camino en la creación de un futuro donde los sistemas conectados transforman industrias clave.

El IoT está transformando el mundo al permitir que objetos que antes funcionaban de forma independiente ahora estén conectados a internet. Esto significa que cualquier cosa, desde tu coche hasta tu frigorífico, puede convertirse en un dispositivo inteligente que interactúa con otros dispositivos y sistemas.

Imagina un escenario en el que todos los dispositivos que utilizas en tu hogar, desde las luces y las persianas hasta el termostato de la calefacción y el robot aspirador, estén conectados a tu teléfono móvil. Esta interconexión permite automatizar procesos y tomar decisiones inteligentes en tiempo real, mejorando tanto tu comodidad como la eficiencia energética de tu hogar.

 **DEFINICIÓN**

Conectar lo desconectado
Habilitar dispositivos u objetos físicos para que puedan enviar y recibir información a través de una red, convirtiéndolos en dispositivos inteligentes.

El concepto de conectar lo desconectado no se limita a los hogares inteligentes; también abarca sectores como la industria, la salud y el transporte:

En la industria	Maquinaria que antes requería intervención manual ahora puede monitorear su propio estado y notificar fallos antes de que ocurran. Por ejemplo, una línea de producción conectada puede enviar alertas cuando una máquina necesita mantenimiento, lo que reduce tiempos de inactividad.
En la salud	Dispositivos médicos conectados pueden monitorear continuamente a los pacientes y enviar datos a sus médicos en tiempo real. Esto significa que los doctores pueden recibir alertas inmediatas si el estado de un paciente empeora, lo que permite una respuesta más rápida y eficiente.
En el transporte	Los coches conectados a internet pueden ajustar sus rutas basándose en datos de tráfico en tiempo real, mejorando así la movilidad y reduciendo la congestión.

Al conectar dispositivos que antes no podían comunicarse entre sí, surgen una serie de beneficios, tanto en el ámbito personal como en el empresarial:

Aumento de la eficiencia
- Los dispositivos conectados pueden ajustar automáticamente su comportamiento para optimizar su funcionamiento. Por ejemplo, en un edificio inteligente, el sistema de climatización se ajusta según la cantidad de personas presentes en cada sala, ahorrando energía.

Mejora en la toma de decisiones
- Al tener acceso a datos en tiempo real, los sistemas conectados pueden tomar decisiones más informadas. Esto es especialmente útil en la industria, donde los sensores en las máquinas pueden prevenir fallos antes de que se conviertan en problemas graves.

Automatización
- La conexión entre dispositivos permite la creación de procesos automatizados que requieren poca o ninguna intervención humana. En un hogar inteligente, las luces se pueden apagar automáticamente cuando sales de casa, o el sistema de riego se activa solo cuando detecta que el suelo está seco.

 SABÍAS QUE...

El 80 % de las empresas que han implementado soluciones IoT en sus operaciones han reportado mejoras significativas en la eficiencia y en la reducción de costes operativos, según estudios recientes.

A pesar de los muchos beneficios, conectar lo desconectado también presenta desafíos que es importante tener en cuenta. Entre ellos destacan:

Seguridad	- Al conectar más dispositivos a internet, aumentan las posibilidades de ciberataques. Cada dispositivo conectado es un punto de acceso potencial para los *hackers*, por lo que la seguridad debe ser una prioridad en cualquier implementación de IoT.
Compatibilidad	- No todos los dispositivos están diseñados para conectarse fácilmente. En muchos casos, es necesario implementar sistemas que permitan la interoperabilidad entre diferentes tipos de dispositivos y redes.
Privacidad	- Con tantos dispositivos recopilando datos, la privacidad puede verse comprometida si no se implementan medidas adecuadas de protección de datos. Las personas deben ser conscientes de cómo se utilizan los datos recogidos por sus dispositivos conectados.

 CONSEJO

Al implementar soluciones IoT, asegúrate de que tus dispositivos cumplan con los estándares de seguridad más altos y considera la integración de tecnologías de encriptación para proteger los datos transmitidos.

5. Transición a IoT

 HILO CONDUCTOR

Durante la transición hacia el IoT, TechCity Solutions enfrentó varios desafíos importantes. Uno de los primeros obstáculos fue el coste inicial de la inversión en dispositivos conectados y la infraestructura necesaria para soportarlos.

Continúa en página siguiente >>

<< Viene de página anterior

Aunque los beneficios a largo plazo en términos de eficiencia justificaban esta inversión, el coste seguía siendo una barrera.

Además, la compatibilidad entre dispositivos se convirtió en un problema, ya que muchos sistemas y productos de diferentes fabricantes no podían comunicarse fácilmente entre sí.

La seguridad y la privacidad también fueron una preocupación constante; la expansión del número de dispositivos conectados aumentaba la vulnerabilidad ante ciberataques, lo que exigió la implementación de soluciones avanzadas para proteger los datos.

Finalmente, tanto en empresas como en usuarios individuales, surgió una cierta resistencia al cambio, ya que la adopción del IoT requería un cambio cultural y la superación de la desconfianza hacia las nuevas tecnologías. Esto hizo que la formación y la sensibilización sobre los beneficios del IoT fueran elementos clave para lograr una transición exitosa.

La transición al Internet de las Cosas (IoT) no sucede de la noche a la mañana. Requiere que las empresas, industrias y hasta los hogares adopten nuevas tecnologías, integrando dispositivos inteligentes y redes que permitan la interconexión de objetos. Este proceso es gradual y exige la adaptación tanto de la infraestructura tecnológica como de las personas que la utilizan.

El cambio hacia el IoT implica modificar sistemas que antes funcionaban de manera independiente para que ahora puedan compartir datos en tiempo real.

Imagina cómo la integración del IoT en tu día a día cambiaría aspectos como la energía que consumes en casa o cómo los dispositivos que usas en tu trabajo optimizan sus funciones.

5.1. Pasos en la transición al IoT

La transición hacia el IoT implica varios pasos clave, que tanto empresas como individuos deben considerar para una integración exitosa:

Evaluar las necesidades
- Antes de implementar el IoT, es esencial identificar qué procesos o dispositivos podrían beneficiarse de estar conectados. Por ejemplo, en una fábrica, sería necesario evaluar qué máquinas requieren monitorización constante o automatización.

Actualizar la infraestructura
- Para que los dispositivos IoT funcionen correctamente, se necesita una infraestructura sólida que permita una conectividad rápida y estable. Esto puede incluir redes wifi o 5G, sistemas de almacenamiento en la nube y *hardware* actualizado.

Formación del personal
- En una empresa, el personal debe estar preparado para gestionar los nuevos sistemas IoT. Esto implica capacitar a los trabajadores en el uso de tecnologías conectadas y asegurarse de que comprendan cómo estos sistemas mejoran sus tareas diarias.

Implementar y escalar
- Una vez que se ha evaluado y actualizado la infraestructura, se procede a implementar los dispositivos IoT y, luego, a escalar su uso. Es importante comenzar integrando unos pocos dispositivos y, a medida que los sistemas se estabilicen, expandir la conectividad a otras áreas.

 SABÍAS QUE...

Según un informe reciente, más del 60 % de las grandes ciudades del mundo ya están adoptando algún tipo de tecnología IoT para mejorar la gestión del tráfico y de los servicios públicos. Estas iniciativas están demostrando ser clave para hacer frente a los desafíos de la movilidad urbana en el siglo XXI.

5.2. Principales dificultades en la transición hacia el IoT

El proceso de transición no está exento de desafíos. Algunas de las barreras más comunes que pueden retrasar la adopción del IoT incluyen:

1. **Costes iniciales:** la inversión en dispositivos conectados, infraestructura y redes puede ser elevada al principio. Sin embargo, a largo plazo, los beneficios suelen superar los costes iniciales al mejorar la eficiencia y reducir los tiempos de inactividad.
2. **Compatibilidad entre dispositivos:** no todos los dispositivos son compatibles entre sí. Integrar sistemas de diferentes fabricantes puede ser un desafío, ya que deben comunicarse a través de una red común.
3. **Seguridad y privacidad:** al conectar más dispositivos a internet, también aumenta el riesgo de ciberataques. Es crucial garantizar la seguridad de los datos y proteger los dispositivos contra accesos no autorizados.
4. **Resistencia al cambio:** las personas y las empresas pueden mostrar resistencia a la adopción de nuevas tecnologías. La falta de familiaridad con el IoT puede generar dudas sobre sus beneficios, por lo que la formación y la comunicación sobre sus ventajas son claves.

5.3. Casos de éxito en la transición al IoT

La adopción del Internet de las Cosas (IoT) ha permitido que múltiples sectores transformen sus operaciones y mejoren su eficiencia. A continuación, te presentamos algunos ejemplos destacados de cómo diferentes industrias han logrado una transición exitosa hacia el IoT:

Agricultura inteligente
- La agricultura ha experimentado una verdadera revolución con el IoT, que ha permitido a los agricultores optimizar el uso de recursos y mejorar el rendimiento de los cultivos. Los sensores IoT se utilizan para monitorear las condiciones del suelo, como la humedad y la temperatura, y ajustar el riego de forma automática. Esto no solo reduce el desperdicio de agua, sino que también garantiza que las plantas reciban la cantidad exacta de agua que necesitan para crecer en óptimas condiciones.

Salud conectada
- En el ámbito de la salud, el IoT ha transformado el cuidado de los pacientes, especialmente aquellos con condiciones crónicas o que necesitan monitoreo constante. Los hospitales están utilizando dispositivos médicos conectados para monitorear a los pacientes de forma remota, lo que permite una atención más personalizada y proactiva. Estos dispositivos envían datos en tiempo real a los médicos, alertándolos inmediatamente si el estado de un paciente empeora, lo que permite una intervención rápida y, en muchos casos, salva vidas.

Continúa en página siguiente >>

<< Viene de página anterior

Transporte inteligente
- Las ciudades inteligentes están implementando soluciones IoT para mejorar la movilidad urbana y reducir los problemas relacionados con el tráfico. A través de sensores instalados en carreteras, vehículos y sistemas de transporte público, las ciudades pueden monitorear el tráfico en tiempo real y ajustar las rutas de los autobuses y otros medios de transporte en función de la demanda y las condiciones viales. Esto no solo mejora la experiencia de los usuarios del transporte público, sino que también reduce la congestión y las emisiones de carbono.

5.4. ¿Cómo puedes iniciar tu propia transición al IoT?

La transición al IoT no es solo para grandes empresas o industrias; también puedes aprovecharla en tu vida diaria. Aquí te dejamos algunos pasos sencillos para comenzar:

- **Identifica los dispositivos conectables en tu entorno:** tal vez ya tengas algunos dispositivos que puedan beneficiarse del IoT, como luces inteligentes o electrodomésticos conectados.
- **Comienza con pequeños pasos:** puedes empezar por conectar dispositivos simples, como termostatos inteligentes o enchufes wifi, y expandir gradualmente tu red de dispositivos conectados. A veces, es solo descargarse una *app* en el teléfono móvil.
- **Aprovecha las ventajas de la automatización:** a medida que conectes más dispositivos, podrás automatizar tareas diarias, como encender las luces o ajustar la calefacción, optimizando el uso de la energía y ahorrando tiempo.

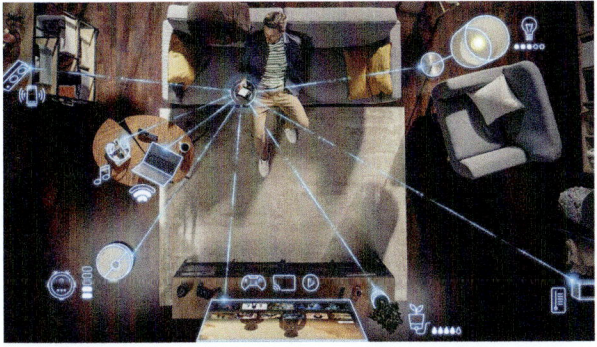

Diferentes dispositivos habituales se conectan formando una red doméstica. Se puede crear una relación entre ellos y controlarlos desde un único dispositivo.

6. Unificación de todos los sistemas IoT en entornos de cobertura 5G

☞ HILO CONDUCTOR

Una vez que TechCity Solutions ha apostado por la creación de un futuro donde los sistemas se encuentren conectados (y esté asegurada la estabilidad en cuanto a seguridad), el siguiente paso que se plantea es cómo conseguir esa conexión de dispositivos. Para ello, debe ser fundamental contar con elementos de seguridad, como ya se ha reflejado. No menos importante es la velocidad que ofrece cada dispositivo a la respuesta de los usuarios. Esto se consigue implementando una red de cobertura de 5G, respuestas rápidas a peticiones (latencia) y velocidad muy superior a las redes anteriores.

El Internet de las Cosas (IoT) ha logrado conectar millones de dispositivos en sectores como la salud, la industria y el transporte. Sin embargo, la verdadera transformación ocurre cuando todos estos sistemas trabajan juntos de manera eficiente y rápida. Es aquí donde la red 5G juega un papel crucial. La red 5G proporciona la velocidad, la capacidad y la baja latencia necesarias para que los sistemas IoT interconectados operen de manera fluida, permitiendo la unificación de múltiples dispositivos en una sola infraestructura.

SABÍAS QUE...

Según estimaciones, en el año 2030 se espera que más de 125.000 millones de dispositivos IoT estén conectados a nivel mundial, muchos de ellos a través de redes 5G. Esto revolucionará sectores como la energía, el transporte y la salud, creando nuevas oportunidades de negocio y mejoras en la calidad de vida.

Con 5G, es posible manejar miles de dispositivos simultáneamente sin pérdida de velocidad o fiabilidad. Esto es esencial para ciudades inteligentes, fábricas automatizadas y redes de transporte, donde la coordinación entre dispositivos es clave para la optimización de procesos.

La creación de la red 5G nos permite interactuar a mayor velocidad con los dispositivos conectados.

6.1. Beneficios de la red 5G

La red 5G permite la unificación de todos los sistemas IoT bajo una misma red, lo que genera una serie de beneficios clave:

Velocidad y capacidad
- Con la 5G, los datos se transmiten hasta 100 veces más rápido que con redes 4G. Esto es fundamental en sectores como la salud, donde los dispositivos médicos necesitan enviar datos en tiempo real para diagnósticos precisos y rápidos.

Conexión masiva de dispositivos
- La 5G permite que miles de dispositivos se conecten simultáneamente sin que se vea afectada la velocidad de la red. En una ciudad inteligente, esto significa que sensores en calles, edificios, vehículos y semáforos pueden estar en constante comunicación para gestionar el tráfico, la energía y la seguridad de manera eficiente.

Baja latencia
- La latencia es el tiempo que tarda un dispositivo en enviar y recibir información. Con la 5G, este tiempo se reduce a milisegundos, lo que es crucial para aplicaciones que requieren una respuesta inmediata, como vehículos autónomos y sistemas de seguridad industrial.

SABÍAS QUE...

La evolución de las redes móviles ha sido fundamental para la transformación de la comunicación global. El 3G, lanzado en la década del 2000, fue la primera red que permitió el acceso a internet en dispositivos móviles de manera masiva. Ofrecía velocidades de hasta 2 Mbps, lo que facilitó el uso de aplicaciones de mensajería, correos electrónicos y la navegación web desde los teléfonos.

El 4G, introducido a partir de 2009, llevó las conexiones móviles a un nuevo nivel con velocidades mucho más rápidas, alcanzando hasta 100 Mbps. Esto permitió la transmisión de vídeo en alta definición, las videollamadas y la expansión de las aplicaciones móviles que requerían mayor capacidad de datos.

Finalmente, el 5G, que comenzó a desplegarse en 2019, ha sido una revolución tecnológica, con velocidades de hasta 10 Gbps y una latencia extremadamente baja. Este avance permite la masiva interconexión de dispositivos IoT, la expansión de vehículos autónomos, ciudades inteligentes y la integración de tecnologías como la realidad virtual y aumentada. El 5G no solo mejora la velocidad, sino que también permite una mayor capacidad para gestionar un gran número de dispositivos conectados simultáneamente, algo esencial en el mundo digital de hoy.

6.2. Ejemplos de unificación de sistemas IoT en la 5G

La unificación de sistemas IoT en redes 5G está revolucionando diferentes sectores. A continuación, te mostramos algunos ejemplos:

1. **Ciudades inteligentes:** en una ciudad inteligente, miles de dispositivos están conectados a través de una red 5G, y gestionan de manera automatizada el tráfico, la iluminación y el consumo de energía. Los datos recopilados en tiempo real permiten que estos sistemas se ajusten de forma dinámica, lo que mejora la eficiencia, reduce costes energéticos y promueve la sostenibilidad, mejorando la calidad de vida de los ciudadanos.

2. **Fábricas automatizadas:** las fábricas inteligentes aprovechan la 5G para interconectar maquinaria, robots y sistemas de control. Esto optimiza la producción y permite que los sistemas respondan de inmediato ante fallos o cambios, ajustando procesos automáticamente para minimizar interrupciones y maximizar la eficiencia.

3. **Vehículos autónomos:** gracias a la 5G, los coches autónomos pueden comunicarse en tiempo real entre sí y con la infraestructura urbana, lo que es clave para evitar accidentes y optimizar rutas. La baja latencia de la 5G permite que estos vehículos reaccionen casi instantáneamente a cualquier cambio en el entorno, como la presencia de peatones o cambios en el tráfico.

6.3. Desafíos de la unificación de sistemas IoT en 5G

A pesar de los grandes beneficios que ofrece la unificación de sistemas IoT bajo la 5G, también existen desafíos que deben abordarse para su adopción masiva:

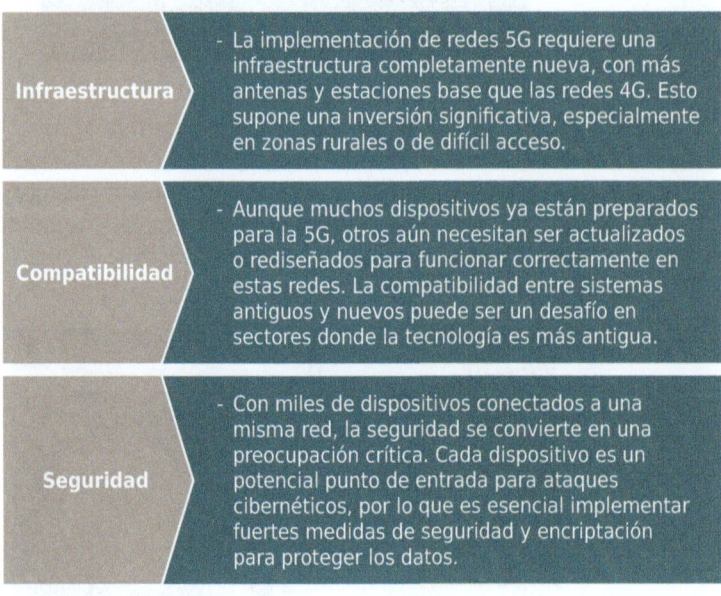

Infraestructura
- La implementación de redes 5G requiere una infraestructura completamente nueva, con más antenas y estaciones base que las redes 4G. Esto supone una inversión significativa, especialmente en zonas rurales o de difícil acceso.

Compatibilidad
- Aunque muchos dispositivos ya están preparados para la 5G, otros aún necesitan ser actualizados o rediseñados para funcionar correctamente en estas redes. La compatibilidad entre sistemas antiguos y nuevos puede ser un desafío en sectores donde la tecnología es más antigua.

Seguridad
- Con miles de dispositivos conectados a una misma red, la seguridad se convierte en una preocupación crítica. Cada dispositivo es un potencial punto de entrada para ataques cibernéticos, por lo que es esencial implementar fuertes medidas de seguridad y encriptación para proteger los datos.

 **RECUERDA**

El futuro de la unificación de sistemas IoT en redes 5G es prometedor. Con la expansión de la 5G a nivel global, veremos más ciudades inteligentes, fábricas automatizadas y vehículos autónomos operando en tiempo real. Esta evolución permitirá una mayor eficiencia, sostenibilidad y seguridad en múltiples sectores.

A medida que más empresas y gobiernos adopten esta tecnología, la unificación de sistemas IoT bajo la 5G continuará impulsando la innovación, transformando tanto la vida cotidiana como las industrias globales.

TAREA 1

Una empresa de transporte de mercancías se especializa en la entrega de productos perecederos, como alimentos frescos y productos farmacéuticos, a lo largo de un país con cobertura 5G. La empresa tiene una flota de camiones y utiliza drones para entregas urgentes en áreas rurales y de difícil acceso. Su objetivo es mejorar la eficiencia en la cadena de suministro, optimizar las rutas de entrega y asegurar la calidad de los productos durante el transporte.

Infraestructura y dispositivos IoT utilizados:

1. **Sensores de temperatura y humedad:** instalados en los camiones y contenedores, estos sensores monitorean continuamente las condiciones internas de la carga, enviando datos a la nube a través de la red 5G.
2. **Rastreo GPS en tiempo real:** dispositivos de rastreo GPS integrados en cada vehículo, que transmiten la ubicación precisa de cada camión de forma continua a través de la red 5G.
3. **Cámaras de visión artificial:** cámaras instaladas en los camiones para monitorear la carga, que pueden detectar movimientos anómalos o desplazamiento de la mercancía. Estas cámaras envían vídeo en tiempo real a la central de la empresa utilizando la red 5G.
4. **Drones de entrega automatizada:** drones equipados con sensores de navegación y cámaras, controlados de forma remota a través de 5G, para entregar paquetes en áreas rurales donde la entrega terrestre es difícil.
5. **Plataforma de gestión logística en la nube:** un sistema que centraliza toda la información proveniente de los dispositivos IoT y la analiza en tiempo real para la toma de decisiones.

Diseña una operación detallada del servicio que permita usar la infraestructura que posee.

7. Resumen

La identificación de los sistemas IoT en entornos de cobertura 5G es crucial debido a las capacidades avanzadas que esta tecnología ofrece. En un entorno 5G, el IoT optimizar los recursos de una empresa de transporte significativamente en términos de conectividad masiva y velocidades de transmisión de datos extremadamente rápidas, sin olvidar el aspecto de seguridad de la nueva tecnología:

⮎ **Conectividad masiva:**

- ◑ 5G permite la conexión de una gran cantidad de dispositivos IoT simultáneamente. Se estima que 5G puede soportar hasta un millón de dispositivos por kilómetro cuadrado, lo que es esencial en entornos densos como ciudades inteligentes, fábricas automatizadas o redes de transporte.
- ◑ Dispositivos IoT de baja potencia, como sensores y actuadores, pueden beneficiarse de esta conectividad sin saturar la red, permitiendo su funcionamiento continuo sin interrupciones.

⮎ **Velocidad y ancho de banda:**

- ◑ La alta velocidad de transmisión de 5G permite el manejo de grandes volúmenes de datos que muchos dispositivos IoT generan. Esto es vital para aplicaciones como cámaras de vigilancia de alta resolución, análisis en tiempo real de datos médicos y monitoreo ambiental avanzado.
- ◑ Las aplicaciones que dependen del análisis de datos intensivo, como las plataformas de inteligencia artificial en la nube para IoT, se ven favorecidas por esta capacidad.

⮎ **Sistemas IoT industriales y ciudades inteligentes:**

- ◑ En el sector industrial, los sistemas IoT en entornos 5G permiten la automatización avanzada de fábricas con sensores y robots interconectados, así como la gestión remota de sistemas complejos.
- ◑ Las ciudades inteligentes pueden gestionar infraestructuras críticas, como semáforos, redes eléctricas y sistemas de transporte, utilizando sensores IoT conectados mediante 5G, lo que mejora la eficiencia, reduce el consumo energético y mejora la calidad de vida de los ciudadanos.

⮎ **Seguridad mejorada:**

- ◑ 5G incorpora mejoras de seguridad para IoT, tales como encriptación más robusta y autenticación avanzada, lo que es vital para proteger la gran cantidad de dispositivos y datos que forman parte del ecosistema IoT.

Ejercicios de autoevaluación
Unidad de Aprendizaje 1

1. Determina si la siguiente oración es verdadera o falsa: "El IoT permite que los dispositivos tomen decisiones en tiempo real basadas en los datos que recopilan sin necesidad de intervención humana".

   ■ Verdadero
   ■ Falso

2. Determina si la siguiente oración es verdadera o falsa: "La red 4G permite la conexión masiva de miles de dispositivos al mismo tiempo con baja latencia".

   ■ Verdadero
   ■ Falso

3. ¿Cuál es uno de los pilares fundamentales del IoT?

   a. Transmisores analógicos
   b. Antenas
   c. Tecnología NFC
   d. Sensores

4. ¿Qué factor mejora el uso de dispositivos IoT en entornos 5G?

   a. Baja latencia
   b. Mayor consumo energético
   c. Menor capacidad de dispositivos conectados
   d. Alta latencia

5. ¿Qué ejemplo describe mejor el uso de IoT en la salud?

   a. Termómetros tradicionales usados en hospitales.
   b. Dispositivos conectados que monitorizan a pacientes y envían datos en tiempo real a médicos.
   c. Equipos médicos que requieren intervención manual constante.
   d. Aparatos de rayos X desconectados de redes.

6. ¿Cuál es uno de los principales desafíos en la implementación del IoT en redes 5G?

    a. Velocidades de transmisión más bajas
    b. Compatibilidad entre dispositivos antiguos y nuevos
    c. Menor capacidad de transmisión de datos
    d. Menor cantidad de dispositivos conectados

7. En una fábrica inteligente, ¿qué facilita la red 5G en términos de producción?

    a. La conexión de maquinaria y sistemas para optimizar la producción.
    b. La desconexión automática de los sistemas en caso de fallo.
    c. El monitoreo manual de las máquinas.
    d. La eliminación de robots en la producción.

8. ¿Cuál es un beneficio de la red 5G para las ciudades inteligentes?

    a. Menor comunicación entre dispositivos.
    b. Aumento en los tiempos de espera de transporte público.
    c. Reducción de la eficiencia energética.
    d. Mejor gestión del tráfico en tiempo real.

9. ¿Qué tecnología es fundamental para la expansión del IoT en las ciudades inteligentes?

    a. 5G
    b. 4G
    c. Wifi
    d. *Bluetooth*

10. ¿Cuál de los siguientes es un ejemplo de la automatización que permite el IoT en los hogares?

    a. Electrodomésticos que requieren encendido manual.
    b. Teléfonos fijos conectados a la red.
    c. Luces que se apagan automáticamente al salir de casa.
    d. Sistemas de riego que solo funcionan manualmente.

Conocimiento de las *smart cities* en entornos de cobertura 5G

Contenido

1. Introducción
2. Concepto de *smart cities*
3. Regulación de las *smart cities* en entornos de cobertura 5G
4. Ámbitos: *smart economy, smart environment, smart government, smart people, smart mobility, smart living*
5. Catálogo de Servicios Smart
6. Resumen

Objetivos

El objetivo general de esta Unidad de Aprendizaje es:

→ Comprender el concepto de *smart city* y su integración en entornos de cobertura 5G, analizando los diferentes ámbitos que las conforman, la regulación que las respalda y el catálogo de servicios que ofrecen para mejorar la calidad de vida urbana.

Los objetivos específicos de esta Unidad de Aprendizaje son:

→ Definir el concepto de *smart cities* y su relevancia en el contexto urbano moderno, destacando cómo las tecnologías digitales y el IoT transforman los servicios públicos.

→ Identificar los principales pilares tecnológicos que permiten el funcionamiento de las *smart cities,* como la conectividad 5G, el uso de sensores IoT y el procesamiento de datos en la nube.

→ Explorar la regulación vigente relacionada con las *smart cities,* particularmente en entornos de cobertura 5G, destacando las normativas sobre protección de datos, ciberseguridad y estandarización tecnológica.

→ Analizar los distintos ámbitos de las *smart cities,* como la *smart economy, smart environment, smart government, smart people, smart mobility* y *smart living,* entendiendo cómo estos ámbitos interactúan para crear un ecosistema urbano eficiente.

→ Evaluar el impacto de la cobertura 5G en la mejora de los servicios urbanos, tales como la movilidad, la gestión energética, la seguridad y la interacción ciudadana, resaltando los beneficios y desafíos de esta tecnología.

1. Introducción

El concepto de *smart cities* está ganando relevancia a nivel internacional. Estas ciudades inteligentes utilizan la tecnología para gestionar servicios urbanos como el transporte, la energía, la seguridad y los servicios públicos, optimizando el uso de los recursos y mejorando la calidad de vida de los habitantes. La cobertura 5G es un pilar clave en el desarrollo de las *smart cities,* ya que permite la conexión rápida y eficiente de millones de dispositivos, lo que es esencial para el correcto funcionamiento de los servicios urbanos inteligentes.

Las *smart cities* generan una cantidad masiva de datos que se utilizan para mejorar la toma de decisiones en tiempo real. Gracias al 5G, estos datos pueden procesarse de manera casi instantánea, facilitando la gestión eficiente de los recursos urbanos.

Una *smart city* es una ciudad que utiliza tecnologías digitales para gestionar de manera eficiente sus recursos y servicios urbanos, mejorando la vida de sus habitantes. Estas tecnologías incluyen redes de sensores, inteligencia artificial y el Internet de las Cosas (IoT), que, en conjunto, permiten monitorear y controlar aspectos como el tráfico, la energía y la seguridad en tiempo real.

La red 5G es la base sobre la cual se construyen muchas de las funcionalidades avanzadas de las *smart cities.* A través de su **alta velocidad, baja latencia y capacidad de conectar** miles de dispositivos simultáneamente, el 5G permite que sistemas de transporte, iluminación, seguridad y otros servicios urbanos funcionen de manera coordinada.

A lo largo de esta unidad, explorarás cómo el 5G permite la unificación de todos los sistemas IoT en una ciudad inteligente.

TechCity Solutions ha sido contratada para liderar el desarrollo de una nueva **smart city** en una metrópoli en expansión. El equipo de innovación es el encargado de implementar tecnologías de última generación como el **5G** y el **Internet de las Cosas (IoT),** con el fin de mejorar la eficiencia en áreas clave como el transporte, la energía y la seguridad. Como parte del proyecto, tendrás que analizar cómo el 5G permite conectar millones de dispositivos de manera simultánea, garantizando la coordinación de los sistemas urbanos.

En esta unidad, descubrirás cómo estas tecnologías transforman las ciudades en entornos más sostenibles, eficientes y habitables. La misión es clara: hacer que la ciudad sea un ejemplo de innovación y tecnología al servicio de los ciudadanos, utilizando el 5G como piedra angular para la conexión y el control en tiempo real de todos los servicios urbanos.

2. Concepto de *smart cities*

 HILO CONDUCTOR

TechCity Solutions ha dado un giro hacia el futuro de la planificación urbana al involucrarse en el desarrollo de una *smart city*. Como parte del equipo encargado de este proyecto, tu misión es ayudar a transformar la ciudad en un entorno interconectado y sostenible. Imagina que trabajas en la implementación de sensores para monitorizar el consumo de energía, sistemas de tráfico inteligentes y plataformas de servicios digitales. En esta sección, analizarás cómo las tecnologías avanzadas pueden no solo mejorar la eficiencia de los servicios urbanos, sino también fomentar la participación activa de los ciudadanos. TechCity Solutions apuesta por integrar estas soluciones para mejorar la calidad de vida de los habitantes de la ciudad y crear un entorno más seguro y eficiente.

Una *smart city* o ciudad inteligente es un entorno urbano que utiliza tecnologías avanzadas para gestionar de manera eficiente los recursos, mejorar los servicios públicos y promover la sostenibilidad. En estas ciudades, todo está interconectado a través de redes digitales, sensores y plataformas de datos. El objetivo principal de una *smart city* es mejorar la calidad de vida de sus habitantes mediante la optimización del tráfico, la energía, el agua, la seguridad y otros servicios esenciales.

Las *smart cities* no solo implementan la tecnología para mejorar la eficiencia, sino que también fomentan la participación activa de los ciudadanos a través de aplicaciones móviles, portales de servicios públicos en línea y plataformas de consulta. Estos avances permiten que los ciudadanos no solo se beneficien de la tecnología, sino que también contribuyan a la toma de decisiones urbanas.

 **DEFINICIÓN**

Smart city

Es una ciudad que utiliza tecnologías como el Internet de las Cosas (IoT), la inteligencia artificial (IA) y la red 5G para gestionar eficientemente los servicios públicos y optimizar el uso de los recursos, mejorando la sostenibilidad y la calidad de vida de sus habitantes.

👁 EJEMPLO

Imagina una ciudad en la que los semáforos se ajustan automáticamente según el flujo de tráfico, los edificios administran su propio consumo energético en tiempo real, y los ciudadanos acceden a servicios públicos sin tener que hacer filas en oficinas. Todo esto es posible en una *smart city*.

Las *smart cities* se basan en la integración de diversas tecnologías y la participación activa de los ciudadanos. Estos componentes permiten que las ciudades operen de manera eficiente y ofrezcan servicios urbanos optimizados:

> **Tecnología IoT (Internet de las Cosas)**
> - Millones de dispositivos conectados, como sensores de tráfico, cámaras de vigilancia y medidores de energía, recogen datos en tiempo real. Estos datos se procesan para mejorar la toma de decisiones y la gestión urbana, desde el control del tráfico hasta la optimización del consumo de energía.

> **Redes de comunicación 5G**
> - La 5G proporciona la alta velocidad y baja latencia necesarias para la transmisión rápida de grandes volúmenes de datos. Esto es clave para que los sistemas IoT funcionen de manera eficiente, permitiendo que los dispositivos conectados interactúen en tiempo real para gestionar los servicios públicos, como el transporte y la seguridad.

Continúa en página siguiente >>

<< *Viene de página anterior*

Sostenibilidad
- Priorizando el uso eficiente de los recursos. Gracias a las tecnologías inteligentes, estas ciudades optimizan el uso de la energía, el agua y otros recursos naturales, minimizando el impacto ambiental. Los sistemas de monitoreo en tiempo real permiten ajustar el consumo según la demanda, reduciendo el desperdicio.

Conectividad
- Una ciudad inteligente está completamente conectada. Las redes de alta velocidad, como la 5G, permiten la interconexión de todos los servicios y dispositivos de la ciudad, facilitando el acceso a información y servicios en cualquier momento y desde cualquier lugar.

Colaboración ciudadana
- Las *smart cities* fomentan la colaboración activa de los ciudadanos mediante plataformas digitales que les permiten participar en la toma de decisiones. Aplicaciones móviles y portales en línea les permiten acceder a servicios públicos, expresar opiniones y contribuir a la mejora de su ciudad.

Innovación tecnológica
- Utilizan tecnologías avanzadas como la inteligencia artificial (IA), el *big data* y el IoT para mejorar los servicios urbanos. Esto incluye la gestión automatizada del tráfico, el monitoreo del clima y la mejora de la seguridad pública mediante sistemas de vigilancia inteligentes.

Las características de las *smart cities* son las siguientes:

- **Sostenibles:** priorizar el uso eficiente de recursos como la energía y el agua.
- **Conectadas:** a través de redes de alta velocidad, como la 5G, que facilitan la interconexión de dispositivos y servicios.
- **Colaborativas:** los ciudadanos participan activamente en la gestión de la ciudad mediante el uso de plataformas digitales.
- **Innovadoras:** utilizan tecnologías avanzadas como la inteligencia artificial y el Internet de las Cosas (IoT) para mejorar los servicios urbanos.

ACTIVIDAD COMPLEMENTARIA

2. Imagina que formas parte del equipo de TechCity Solutions y que estás desarrollando una nueva estrategia para optimizar el uso de la energía en una ciudad inteligente. Indica cómo la tecnología 5G podría mejorar la eficiencia energética y propón ideas para reducir el consumo sin afectar la calidad de vida de los ciudadanos.

3. Regulación de las *smart cities* en entornos de cobertura 5G

 HILO CONDUCTOR

La regulación de las *smart cities* es crucial para garantizar que estas ciudades tecnológicas funcionen de manera segura y eficiente. Las principales áreas de regulación incluyen la protección de datos, la ciberseguridad y la interoperabilidad de los sistemas conectados. Con la llegada de la red 5G, se ha intensificado la necesidad de normativas claras que aseguren la privacidad de los datos y la seguridad de las infraestructuras.

La cobertura 5G permite la conexión de millones de dispositivos, pero también aumenta los riesgos de ciberataques y el mal uso de la información personal. Por ello, las regulaciones deben garantizar que las ciudades protejan los datos sensibles y mantengan estándares de seguridad altos en todos los sistemas interconectados.

3.1. Todo lo que debes saber del Reglamento General de Protección de Datos (RGPD)

El **Reglamento General de Protección de Datos (RGPD)**, conocido en inglés como **GDPR (General Data Protection Regulation)**, es una normativa de la Unión Europea diseñada para proteger la privacidad y los datos personales de los ciudadanos. Entró en vigor el **25 de mayo de 2018,** reemplazando la Directiva de Protección de Datos de 1995:

- **Contexto y necesidad de actualización.** Antes del RGPD, la normativa de protección de datos en Europa se basaba en la Directiva 95/46/CE, implementada en un momento en el que la tecnología digital estaba en una fase inicial. Sin embargo, con el auge de internet, las redes sociales y el comercio electrónico, se hizo evidente que estas leyes ya no eran suficientes para proteger los datos personales en el entorno digital moderno.
- **Desarrollo del RGPD.** El proceso para crear el RGPD comenzó en 2012, cuando la Comisión Europea presentó una propuesta para actualizar las leyes de protección de datos. Durante los siguientes años, la propuesta fue discutida por el Parlamento Europeo, el Consejo de la Unión Europea y la Comisión Europea, hasta que finalmente se acordó el texto final en 2016.
- **Objetivos del RGPD.** El RGPD fue diseñado para:

  - Unificar las leyes de protección de datos en todos los países de la Unión Europea.
  - Otorgar a los ciudadanos un mayor control sobre sus datos personales.
  - Imponer sanciones más estrictas a las empresas que no cumplan con las normas.
  - Asegurar que las empresas tomen medidas adecuadas para proteger la información personal.

- **Entrada en vigor.** El RGPD fue aprobado en 2016, pero se dio un período de adaptación de dos años, entrando oficialmente en vigor el **25 de mayo de 2018.** Desde entonces, cualquier organización que recopile o procese datos personales de ciudadanos de la Unión Europea, independientemente de su ubicación geográfica, debe cumplir con esta normativa.

3.2. Principios clave del RGPD

El Reglamento General de Protección de Datos (RGPD) establece una serie de principios fundamentales que buscan garantizar que los datos personales de los ciudadanos de la Unión Europea sean tratados con transparencia y seguridad. Estos principios no solo ofrecen a los usuarios un mayor control sobre su información personal, sino que también obligan a las empresas a seguir estrictos estándares en el manejo, protección y transferencia de dichos datos. A continuación, se describen los principales principios del RGPD, que abarcan desde la transparencia y el consentimiento, hasta el derecho al olvido y la seguridad de los datos:

Transparencia y consentimiento
- Las empresas deben ser claras sobre cómo recopilan y utilizan los datos, y deben obtener el consentimiento explícito del usuario.

Derecho al olvido
- Los ciudadanos tienen derecho a solicitar que se eliminen sus datos personales.

Portabilidad de datos
- Los usuarios tienen derecho a recibir una copia de sus datos personales en un formato estructurado y común.

Seguridad de los datos
- Las empresas deben implementar medidas de seguridad robustas para proteger la información personal contra accesos no autorizados.

3.3. Regulación por el mundo

Además del Reglamento General de Protección de Datos (RGPD) y el marco regulador de la Unión Europea, otros países también han implementado regulaciones específicas relacionadas con la seguridad en redes 5G. Estas regulaciones subrayan la importancia de proteger la infraestructura 5G y de asegurar que se adopten medidas para mitigar riesgos de ciberseguridad, con variaciones en los enfoques y prioridades de cada país.

Estados Unidos

En 2020, se promulgó la Secure 5G and Beyond Act, que establece una estrategia nacional para asegurar las redes 5G. Esta normativa busca proteger las infraestructuras críticas de ciberataques y asegurar que las redes 5G sean seguras y confiables. El plan incluye colaboración entre los sectores público y privado para garantizar la seguridad de la red y reducir la dependencia de tecnologías extranjeras de alto riesgo.

Corea del Sur

Corea ha tomado un enfoque robusto en la regulación de las redes 5G. El Ministerio de Ciencia y TIC (MSIT) supervisa el despliegue y la asignación de frecuencias para redes 5G públicas y privadas. Corea del Sur ha regulado estrictamente la participación de los operadores de telecomunicaciones, como SK Telecom, para evitar la concentración de mercado y fomentar la competencia. Además, el país se ha enfocado en sectores industriales clave, como fábricas inteligentes y vehículos autónomos, asegurando que las redes 5G estén protegidas frente a vulnerabilidades de ciberseguridad.

China

El desarrollo de 5G en China está fuertemente vinculado a su iniciativa de "Hecho en China 2025", con regulaciones que priorizan la independencia tecnológica y la protección de las infraestructuras críticas. Las regulaciones chinas incluyen restricciones sobre la participación de actores internacionales en el despliegue de infraestructura 5G, lo que ha llevado a tensiones geopolíticas sobre el control de la tecnología.

Mapa del mundo

 **SABÍAS QUE...**

Además del Reglamento General de Protección de Datos (RGPD), existen otras regulaciones más recientes que abordan la seguridad de las redes 5G en la Unión

Continúa en página siguiente >>

<< Viene de página anterior

Europea. Una de las más relevantes es el **EU 5G Toolbox,** que se implementó para asegurar la ciberseguridad en redes 5G.

EU 5G Toolbox, lanzado en **2020** y con informes de implementación recientes en 2023, se centra en asegurar que la infraestructura crítica de 5G esté protegida frente a ciberataques y amenazas externas.

Las regulaciones buscan reforzar la seguridad nacional a través de un enfoque coordinado entre los Estados miembros, la Comisión Europea y la Agencia de la Unión Europea para la Ciberseguridad (ENISA), mitigando los riesgos asociados a los proveedores de alto riesgo y diversificando la cadena de suministro tecnológica.

----

4. Ámbitos: *smart economy, smart environment, smart government, smart people, smart mobility, smart living*

👉 HILO CONDUCTOR

En el contexto de las *smart cities* con cobertura 5G, TechCity Solutions se enfoca en desarrollar un proyecto denominado ***smart mobility* e interconectividad en el transporte público inteligente.** Se trata de un sistema de transporte público inteligente en red 5G cuyo objetivo es optimizar la movilidad urbana aprovechando la conectividad 5G para integrar transporte, eficiencia energética y datos en tiempo real.

En este caso se ha implementado la instalación de sensores en autobuses y paradas para monitorear el flujo de pasajeros y calcular rutas en tiempo real, optimizando recorridos y tiempos de espera. También se crea una aplicación móvil para la ciudadanía donde se pueda consultar el estado de las rutas, tiempos de llegada y alternativas de transporte en tiempo real, adaptándose a las condiciones de tráfico.

Se utilizan los datos obtenidos por IoT para programar intervalos de vehículos eléctricos en rutas de mayor afluencia, reduciendo así la huella de carbono.

Las *smart cities* son entornos urbanos donde la tecnología se integra en todos los aspectos de la vida diaria para mejorar la eficiencia, la sostenibilidad y la calidad de vida. Estas ciudades están diseñadas para aprovechar el Internet de las Cosas (IoT), el *big data* y la conectividad avanzada como el 5G, con el fin de optimizar la gestión de recursos, facilitar la participación ciudadana y ofrecer servicios públicos más eficientes.

Las *smart cities* abarcan varios **ámbitos** que interactúan entre sí, creando un ecosistema urbano inteligente y conectado. En esta sección, exploraremos los seis ámbitos principales que conforman el corazón de una ciudad inteligente.

Smart city. Conectividad

Cada uno de estos ámbitos se enfoca en áreas clave como la economía, el medio ambiente, el gobierno, la movilidad y la vida diaria. Los términos en inglés, como *smart economy* o *smart mobility,* reflejan conceptos de modernización y eficiencia que, en español, se traducen para mantener su enfoque en la inteligencia aplicada a las ciudades. A continuación, te presento las traducciones específicas de cada ámbito:

1. *Smart economy.* Economía inteligente.
2. *Smart environment.* Entorno inteligente o medio ambiente inteligente.
3. *Smart government.* Gobierno inteligente.
4. *Smart people.* Ciudadanos inteligentes o personas inteligentes.
5. *Smart mobility.* Movilidad inteligente.
6. *Smart living.* Vida inteligente o estilo de vida inteligente.

4.1. *Smart economy*

La *smart economy* impulsa el crecimiento económico de las ciudades mediante la adopción de tecnologías avanzadas que mejoran la competitividad, la eficiencia y la innovación. En este contexto, los procesos económicos se digitalizan y automatizan, creando nuevas oportunidades para empresas, trabajadores y gobiernos.

DEFINICIÓN

Smart economy

Es un sistema económico que utiliza tecnologías digitales avanzadas para optimizar la productividad, la innovación y la competitividad. La *smart economy* es un sistema económico basado en la integración de la tecnología digital en los procesos productivos y de servicios.

Se basa en la transformación digital de los procesos económicos, desde la administración pública hasta el comercio y las finanzas, creando una economía más ágil, conectada y eficiente.

Sus características principales son:

Digitalización de procesos económicos
- Automatización y digitalización de operaciones comerciales y financieras, mejorando la eficiencia y reduciendo costes.

Fomento del emprendimiento tecnológico
- Apoyo a *startups* y a empresas innovadoras que desarrollan productos y servicios tecnológicos.

Economía basada en datos
- Uso del *big data* y de la inteligencia artificial para tomar decisiones basadas en datos, optimizando el desarrollo económico.

EJEMPLO

En Estonia, uno de los países más digitalizados del mundo, la economía se ha transformado mediante la digitalización completa de los servicios gubernamentales y financieros. Los ciudadanos pueden realizar trámites desde sus dispositivos móviles, desde la creación de una empresa hasta el pago de impuestos, todo de manera *online*.

4.2. Smart environment

Las ciudades inteligentes se centran en la sostenibilidad y la optimización del uso de los recursos naturales a través del *smart environment,* un enfoque que aplica tecnologías avanzadas para gestionar de forma eficiente elementos como el agua, la energía y la calidad del aire. Este ámbito permite la recolección y el análisis de datos en tiempo real, mejorando la toma de decisiones y reduciendo el impacto ambiental.

 **DEFINICIÓN**

Smart environment
Es el empleo de tecnologías como el Internet de las Cosas (IoT) para monitorear, controlar y gestionar el uso de recursos naturales en las ciudades. Esto incluye el monitoreo en tiempo real de la calidad del aire, el agua y la energía, con el objetivo de minimizar el consumo y reducir las emisiones contaminantes.

Sus características principales son:

Monitoreo en tiempo real
- Sensores IoT que permiten gestionar de forma inteligente el consumo de agua y energía, ajustando su uso según la demanda en diferentes zonas de la ciudad.

Gestión de residuos inteligente
- Uso de tecnologías que optimizan la recolección de residuos, basándose en la cantidad de desechos acumulados en cada área, lo que reduce costes y aumenta la eficiencia.

Reducción de emisiones
- Implementación de sistemas que controlan el uso energético y promueven la sostenibilidad mediante la reducción de emisiones de CO_2, mejorando así la calidad del aire.

👁️ **EJEMPLO**

En Copenhague, se ha implementado un sistema de gestión de energía inteligente que, mediante el uso de sensores, monitorea y optimiza el consumo de energía en edificios públicos. Esta iniciativa ha logrado reducir de manera considerable tanto el uso energético como las emisiones de CO_2, posicionando la ciudad como líder en sostenibilidad urbana.

 SABÍAS QUE...

El término *smart environment* en español se traduce como Entorno Inteligente o Ambiente Inteligente, aunque en algunos contextos también se le llama Sostenibilidad Inteligente debido a su enfoque en la eficiencia y el respeto al medio ambiente.

Este ámbito es fundamental para asegurar que las ciudades inteligentes no solo sean más tecnológicas, sino también más respetuosas con el medio ambiente.

4.3. Smart government

El concepto de *smart government* abarca la digitalización y modernización de los servicios públicos para mejorar la eficiencia, la accesibilidad y la transparencia en la administración de las ciudades. Gracias a la tecnología, los gobiernos inteligentes pueden gestionar mejor los recursos, ofrecer servicios más accesibles a los ciudadanos y fomentar una participación ciudadana más activa. La adopción de tecnologías como el Internet de las Cosas (IoT), la inteligencia artificial (IA) y el *big data* ha revolucionado la forma en que los gobiernos interactúan con los ciudadanos.

 **DEFINICIÓN**

Smart government

Es un sistema de gobierno que utiliza tecnologías digitales para mejorar la administración pública, facilitando la interacción con los ciudadanos, la toma de decisiones basada en datos y la prestación eficiente de servicios públicos. Su objetivo es crear gobiernos más transparentes, accesibles y participativos.

- -

Sus características principales son:

Transparencia y accesibilidad
- Los ciudadanos pueden acceder a información pública y realizar trámites desde plataformas digitales, aumentando la confianza en las instituciones y reduciendo la burocracia.

Toma de decisiones basada en datos
- Los gobiernos inteligentes utilizan datos en tiempo real para tomar decisiones más informadas y eficientes, como la distribución de recursos o la planificación urbana.

Participación ciudadana activa
- Plataformas y aplicaciones permiten a los ciudadanos participar directamente en la toma de decisiones, contribuyendo con ideas y votaciones en cuestiones locales.

◉ EJEMPLO

En Indonesia, el concepto de **smart government** ha avanzado significativamente con la iniciativa del **Jakarta smart city,** que ha implementado tecnologías para mejorar la gobernanza y la interacción con los ciudadanos. El gobierno de Yakarta ha adoptado un enfoque de gobierno digital mediante plataformas en línea y aplicaciones móviles que permiten a los ciudadanos acceder a servicios públicos, reportar problemas y recibir actualizaciones en tiempo real.

- -

Una de las herramientas más destacadas es la aplicación **Qlue,** que permite a los ciudadanos informar directamente al gobierno sobre problemas urbanos sobre tráfico, desechos o vandalismo, a través de fotos y descripciones geolocalizadas. Las autoridades locales pueden responder de manera más rápida y eficiente a las preocupaciones de los ciudadanos, mejorando así la gestión pública y aumentando la transparencia.

Otra iniciativa clave es la implementación de la **e-Government** a nivel nacional, que incluye la digitalización de servicios como el pago de impuestos, la gestión de licencias y la consulta de datos gubernamentales. Esto no solo ha reducido la burocracia, sino que ha permitido que más ciudadanos participen activamente en la vida pública.

Sala de control de una smart city

4.4. *Smart people*

El ámbito de *smart people* se enfoca en la educación, la inclusión y la participación activa de los ciudadanos dentro de una ciudad inteligente. No basta con implementar tecnologías avanzadas si los ciudadanos no están preparados para usarlas y beneficiarse de ellas. Una ciudad inteligente también promueve una sociedad inteligente, donde la alfabetización digital y el acceso equitativo a las herramientas tecnológicas son clave para asegurar la integración de todas las personas en los procesos urbanos.

 **DEFINICIÓN**

Smart people

Hace referencia a la capacitación y empoderamiento de los ciudadanos mediante el acceso a la educación y la tecnología. Esto fomenta la participación activa en la vida pública y permite que los ciudadanos contribuyan al desarrollo de soluciones innovadoras que mejoren la vida en la ciudad.

Sus características principales son:

Educación digital
- Garantizar que todos los ciudadanos tengan acceso a la formación digital y a las tecnologías necesarias para participar en la vida urbana.

Inclusión social y tecnológica
- Asegurar que personas de todos los grupos socioeconómicos tengan acceso igualitario a los recursos tecnológicos y digitales.

Participación activa
- Fomentar la participación ciudadana en la toma de decisiones a través de plataformas digitales y canales de comunicación directa con las autoridades.

 EJEMPLO

En Seúl, Corea del Sur, el gobierno local ha implementado diversas iniciativas para mejorar la alfabetización digital de sus ciudadanos, especialmente de personas mayores. El programa Seoul Digital Citizen, por ejemplo, ofrece cursos gratuitos de tecnología para garantizar que todos los ciudadanos, independientemente de su edad o nivel de habilidad, puedan utilizar las herramientas digitales disponibles en la ciudad. Estas iniciativas han ayudado a reducir la brecha digital y a fomentar la participación de los ciudadanos en la vida pública.

4.5. *Smart mobility*

El ámbito de *smart mobility* en las ciudades inteligentes se centra en mejorar el transporte urbano mediante el uso de tecnologías avanzadas. La movilidad inteligente permite que los ciudadanos se desplacen de manera más eficiente, rápida y sostenible, reduciendo el tráfico, las emisiones de carbono y los tiempos de espera. El objetivo principal de la *smart mobility* es hacer que el transporte en las ciudades sea más accesible, ecológico y conectado.

 DEFINICIÓN

Smart mobility
Se refiere a la optimización del transporte en una ciudad inteligente mediante el uso de datos en tiempo real, la integración de vehículos eléctricos y autónomos, y la implementación de plataformas digitales para gestionar y coordinar el transporte público y privado. Todo esto está respaldado por la conectividad avanzada, como las redes 5G.

Sus características principales son:

Movilidad interconectada
- Sistemas de transporte público y privado conectados que utilizan datos en tiempo real para optimizar rutas y reducir el tráfico.

Vehículos autónomos y eléctricos
- Promoción de vehículos eléctricos y autónomos para una movilidad más sostenible y eficiente.

Movilidad compartida
- Fomento del uso de servicios de movilidad compartida, como bicicletas y coches eléctricos, para reducir la congestión y las emisiones contaminantes.

◁◯▷ EJEMPLO

En Singapur, la *smart mobility* ha sido un pilar fundamental en la planificación urbana. La ciudad utiliza sistemas de monitoreo de tráfico en tiempo real para ajustar los semáforos y las rutas de autobuses según la densidad del tráfico. Además, el gobierno ha promovido la adopción de vehículos eléctricos y ha implementado servicios de movilidad compartida, como bicicletas y coches eléctricos, para facilitar el acceso al transporte sostenible.

Monitoreo de cámaras inteligentes de tráfico de la ciudad inteligente con IA

4.6. *Smart living*

El ámbito de *smart living* en las ciudades inteligentes se centra en mejorar la calidad de vida de los ciudadanos mediante la integración de tecnologías avanzadas en áreas como la salud, la seguridad, la educación y el bienestar general. Se trata de crear entornos urbanos más habitables y seguros, donde los ciudadanos puedan acceder a servicios y tecnologías que les proporcionen comodidad, eficiencia y bienestar.

 **DEFINICIÓN**

Smart living

Emplea tecnologías avanzadas en la vida cotidiana de los ciudadanos para optimizar su bienestar y seguridad. Esto incluye hogares inteligentes, sistemas de salud conectados, plataformas de educación en línea y tecnologías que mejoran la seguridad pública.

Sus características principales son:

Hogares inteligentes
- Sistemas domóticos que permiten gestionar la energía, la seguridad y el confort de los hogares a través de dispositivos conectados, como luces, termostatos y cerraduras inteligentes.

Salud conectada
- Tecnologías que permiten el monitoreo remoto de la salud, citas médicas en línea y acceso a historiales médicos digitales, mejorando el cuidado de los ciudadanos.

Seguridad pública mejorada
- Sistemas de vigilancia y alerta en tiempo real que garantizan la seguridad en espacios públicos y reducen la respuesta ante emergencias.

 **EJEMPLO**

En Toronto, el proyecto Quayside ha sido un ejemplo de *smart living*, donde se han diseñado viviendas inteligentes que integran la gestión eficiente de la energía, la conectividad y la seguridad. Además, el proyecto incorpora plataformas de salud digital y servicios comunitarios que mejoran la calidad de vida de los residentes.

Continúa en página siguiente >>

<< Viene de página anterior

Ciudad de Toronto, ejemplo de smart living

---

5. Catálogo de Servicios Smart

☞ HILO CONDUCTOR

TechCity Solutions ha recibido recientemente la felicitación de la ciudad donde se desarrolló el último proyecto de una *smart city*. Este proyecto consistía en un sistema de Monitoreo Inteligente de la Calidad del Aire y Energía para el Bienestar Ciudadano.

Se implementó una red de sensores conectados por 5G para monitorizar en tiempo real la calidad del aire en distintos puntos de la ciudad y la eficiencia energética en edificios públicos, con el fin de optimizar la salud ambiental y promover hábitos sostenibles entre los ciudadanos.

Se colocaron sensores en zonas de alto tráfico, parques, centros comerciales y áreas residenciales para medir niveles de CO_2, partículas PM2.5, ozono y otros contaminantes.

Desarrollamos una aplicación móvil que envía alertas a los ciudadanos cuando los niveles de contaminación superan los umbrales seguros, proponiendo rutas alternativas o evitando actividades al aire libre en esas áreas.

Favorece una eficiencia energética en edificios públicos, mediante la integración de sensores IoT para controlar el uso de iluminación y climatización, ajustándolos según la ocupación y condiciones externas para optimizar el consumo de energía.

En España, muchas ciudades están adoptando soluciones tecnológicas que mejoran la vida urbana mediante la implementación de servicios inteligentes. Estas soluciones, que forman parte del Catálogo de Servicios *Smart,* abarcan áreas como la movilidad, la energía, la seguridad y la salud. España está liderando iniciativas en ciudades como Barcelona, Madrid y Málaga, promoviendo la eficiencia, la sostenibilidad y la calidad de vida.

5.1. Servicios de Movilidad Inteligente en España

Las ciudades españolas están implementando diversas soluciones de *smart mobility* para mejorar el transporte urbano. Estas incluyen la gestión de tráfico en tiempo real, servicios de movilidad compartida y la promoción del uso de vehículos eléctricos.

A continuación, puedes ver tres ejemplos de movilidad inteligente en España:

Movilidad compartida en Barcelona
- Además del sistema de Bicing y de las plataformas de coches eléctricos como Zity, la ciudad también ha impulsado el uso de motos eléctricas compartidas mediante empresas como Acciona y Cooltra, ofreciendo una opción de movilidad rápida y sostenible en áreas urbanas.

Gestión del tráfico en Madrid
- Además de las cámaras y sensores, Madrid ha implementado la *app* Madrid Mobility 360, que permite a los ciudadanos planificar sus viajes utilizando transporte público, taxis, bicicletas y otros medios, mejorando la experiencia de movilidad con información en tiempo real.

Estaciones de recarga para vehículos eléctricos en Málaga
- Málaga no solo cuenta con puntos de recarga en la vía pública, sino que también ha desarrollado el proyecto *smart city* Málaga, que incluye una red de recarga para vehículos eléctricos conectada a sistemas de gestión de energía, facilitando el uso de vehículos sostenibles en toda la ciudad.

Movilidad compartida en entorno urbano

5.2. Ejemplo en la capital de España: Canal de Isabel II

En Madrid, el Canal de Isabel II ha implementado varios proyectos innovadores relacionados con la gestión inteligente del agua, que pueden incluirse dentro del ámbito de energía inteligente en las ciudades. Este organismo gestiona el suministro de agua potable y el saneamiento de aguas residuales en la región, utilizando tecnologías avanzadas para mejorar la eficiencia y sostenibilidad de sus servicios.

Proyectos del Canal de Isabel II:

Telecontrol y sensores inteligentes
- El Canal de Isabel II ha instalado más de 20.000 sensores inteligentes en la red de distribución de agua para monitorear el estado de las tuberías, controlar fugas y gestionar el consumo de agua en tiempo real. Este sistema permite actuar rápidamente ante problemas, optimizando el uso del recurso y reduciendo las pérdidas.

Red de telelectura de contadores
- En Madrid, el Canal de Isabel II ha comenzado a instalar contadores de agua con tecnología de telelectura, lo que permite monitorizar el consumo de agua en tiempo real, detectando anomalías como fugas o consumos excesivos. Esta tecnología también facilita a los usuarios un mayor control sobre su consumo.

Continúa en página siguiente >>

<< Viene de página anterior

Plantas de tratamiento de agua regenerada
- El Canal de Isabel II ha puesto en marcha plantas que tratan el agua residual para su posterior reutilización en el riego de parques y jardines, y en la limpieza de calles. Este proyecto de agua regenerada contribuye al ahorro de agua potable en usos no esenciales y es un modelo de sostenibilidad.

Eficiencia energética en el tratamiento del agua
- El Canal ha optimizado el consumo energético en sus instalaciones, especialmente en las estaciones de bombeo y tratamiento de agua. Esto ha permitido reducir significativamente el uso de electricidad en el proceso de distribución de agua a través de tecnologías que ajustan la energía utilizada en función de la demanda.

Estos ejemplos demuestran cómo Madrid está liderando la gestión inteligente del agua y la sostenibilidad a través de la innovación tecnológica del Canal de Isabel II, promoviendo una ciudad más eficiente y comprometida con el medio ambiente.

NOTA

España está avanzando en la implementación de **smart grids,** o redes eléctricas inteligentes, que permiten la monitorización y optimización del consumo energético en tiempo real. Además, muchas ciudades están promoviendo el uso de energías renovables.

5.3. Ejemplos de servicios de energía inteligente en España

En España se están desarrollando en varias ciudades proyectos de energía inteligente:

◯ **Integración de energías renovables (Alicante).** En Alicante, se ha desarrollado un sistema de gestión de energía solar en edificios públicos. Gracias a la instalación de paneles solares en colegios y centros administrativos, la ciudad ha logrado reducir su dependencia de fuentes de energía no renovables, mejorando la sostenibilidad del municipio.

- **Medidores inteligentes en edificios residenciales (Sevilla).** Muchas ciudades, como Sevilla, están equipando edificios residenciales con medidores inteligentes que permiten a los usuarios controlar su consumo energético de manera más precisa.
- **Integración de energías renovables (Zaragoza).** Zaragoza ha implementado un sistema de energía solar que abastece a edificios públicos y viviendas, optimizando el uso de energía renovable en la ciudad.
- ***Smart city* (Valencia).** Valencia ha apostado por un modelo de ciudad inteligente que incluye la instalación de sistemas de iluminación inteligente en las calles, que se ajustan automáticamente en función de la luz natural y el tráfico. Esto ha permitido a la ciudad reducir el consumo energético en un 30 %, mejorando la sostenibilidad.
- **Redes inteligentes (Bilbao).** En Bilbao, además de la instalación de medidores inteligentes, se ha puesto en marcha un sistema que permite la gestión activa de la demanda energética. Esto significa que los ciudadanos y empresas pueden gestionar su consumo energético de forma eficiente, reduciendo el uso en momentos de mayor demanda y optimizando su consumo en horas valle.
- **Red de calefacción y refrigeración urbana (Barcelona).** Barcelona ha implementado una red de calefacción y refrigeración urbana en la zona del 22@, un distrito tecnológico. Esta red utiliza energía residual de plantas industriales para calentar y enfriar edificios, reduciendo el consumo energético y las emisiones de gases de efecto invernadero.
- **Red Eléctrica Española (REE).** En todo el país, REE ha implementado tecnologías para monitorizar y gestionar el flujo de energía en tiempo real, asegurando un suministro eficiente.

RECUERDA

El desarrollo de una *smart city* no solo depende de la tecnología, sino también de la colaboración entre el gobierno, las empresas y los ciudadanos para crear un entorno urbano sostenible y eficiente.

TAREA 2

Las *smart cities* son entornos donde convergen tecnologías avanzadas y conectividad para mejorar la calidad de vida de los ciudadanos. Sin embargo, su desarrollo requiere un marco normativo sólido que regule aspectos como la protección de datos, la ciberseguridad y la estandarización tecnológica, especialmente en entornos con cobertura 5G. Este marco es esencial para garantizar que las ciudades inteligentes operen de manera segura, ética y eficiente, minimizando riesgos y maximizando beneficios.

1. Explica cómo las regulaciones en la protección de datos influyen en el diseño de servicios y aplicaciones en una ciudad inteligente conectada mediante 5G.
2. ¿Qué retos enfrentan las *smart cities* para garantizar el cumplimiento de estas normativas?
3. ¿Qué responsabilidades tienen los desarrolladores y operadores tecnológicos en la protección de las infraestructuras críticas?
4. ¿Por qué es importante la estandarización tecnológica en entornos de *smart cities* y 5G?

6. Resumen

En la unidad sobre *smart cities* en entornos de cobertura 5G, se exploran los conceptos clave y los ámbitos principales que definen las ciudades inteligentes. Una *smart city* es un entorno urbano que utiliza tecnologías avanzadas, como el Internet de las Cosas (IoT) y el 5G, para gestionar de manera eficiente los recursos y mejorar la calidad de vida de sus habitantes. Esto incluye la optimización del tráfico, la energía, la seguridad y la participación ciudadana.

Los ámbitos de las *smart cities* incluyen la *smart economy*, enfocada en la digitalización económica y la innovación; el *smart environment*, que busca la sostenibilidad y la eficiencia en el uso de los recursos naturales; el *smart government*, que utiliza la tecnología para hacer más accesibles y eficientes los servicios públicos; el *smart people*, que fomenta la educación digital y la participación ciudadana; la *smart mobility*, que optimiza el transporte mediante datos en tiempo real y la movilidad compartida; y el Smart Living, que mejora la vida diaria a través de la tecnología en áreas como la salud y la seguridad.

La red 5G juega un papel fundamental en el desarrollo de estas ciudades al permitir la interconexión de miles de dispositivos, facilitando una gestión más eficiente de los servicios urbanos. Sin embargo, junto con estas innovaciones, también surgen desafíos regulatorios, como la protección de datos y la ciberseguridad, lo que requiere un marco normativo sólido para garantizar el uso seguro y eficaz de estas tecnologías.

Ejercicios de autoevaluación
Unidad de Aprendizaje 2

1. ¿Qué tecnología es clave para el desarrollo de las *smart cities?*

   a. 5G
   b. 4G
   c. Wifi
   d. Cable de fibra óptica

2. Determina si la siguiente oración es verdadera o falsa: "Las *smart cities* utilizan tecnologías como el Internet de las Cosas (IoT) y la inteligencia artificial (IA) para mejorar la sostenibilidad".

   ■ Verdadero
   ■ Falso

3. ¿Cuál de los siguientes NO es un ámbito de las *smart cities?*

   a. *Smart traffic*
   b. *Smart economy*
   c. *Smart government*
   d. *Smart living*

4. ¿Qué función cumple el 5G en las *smart cities?*

   a. Reducir el coste de los servicios públicos.
   b. Conectar miles de dispositivos simultáneamente y a alta velocidad.
   c. Sustituir los sensores IoT.
   d. Mejorar la capacidad de almacenamiento de datos.

5. Determina si la siguiente oración es verdadera o falsa: "El Reglamento General de Protección de Datos (RGPD) es una normativa que protege la privacidad de los ciudadanos en las *smart cities"*.

   ■ Verdadero
   ■ Falso

6. ¿Qué tecnología permite ajustar los semáforos en una *smart city* en función del flujo de tráfico?

    a. Cables de fibra óptica
    b. Wifi
    c. Sensores IoT
    d. Energía renovable

7. Determina si la siguiente oración es verdadera o falsa: "El uso de energías renovables no es una prioridad en las *smart cities*".

    ■ Verdadero
    ■ Falso

8. ¿Qué característica define un *smart government*?

    a. Uso de tecnologías digitales para mejorar la administración pública.
    b. Exclusión de la participación ciudadana.
    c. Uso de papel en lugar de plataformas digitales.
    d. Enfoque solo en la seguridad pública.

9. Determina si la siguiente oración es verdadera o falsa: "La participación activa de los ciudadanos no es necesaria en el desarrollo de una *smart city*".

    ■ Verdadero
    ■ Falso

10. ¿Cuál es una de las tecnologías utilizadas por el Canal de Isabel II para optimizar el uso del agua en Madrid?

    a. Paneles solares para suministrar agua potable.
    b. Sensores inteligentes para controlar fugas y monitorear el consumo en tiempo real.
    c. Drones para transportar agua entre barrios.
    d. Plantas de energía eólica para potabilizar el agua.

Caracterización de la inteligencia artificial en entornos de cobertura 5G

Contenido

1. Introducción
2. Modelos de inteligencia artificial
3. Sistemas de aprendizaje automático y manuales
4. Programación de inteligencia artificial, NLP, *text to speech*, *speech to text* y algoritmos
5. Inteligencia artificial aplicada a *big data*, *blockchain*, 5G, IoT y *smart cities*
6. Resumen

Objetivos

El objetivo general de esta Unidad de Aprendizaje es:

→ Analizar la integración y el impacto de la inteligencia artificial (IA) en entornos de redes 5G, destacando su papel en la optimización de recursos, mejora de servicios y habilitación de nuevas aplicaciones, con el fin de evaluar su contribución al desarrollo de infraestructuras de comunicación más eficientes y avanzadas.

Los objetivos específicos de esta Unidad de Aprendizaje son:

→ Identificar las principales aplicaciones de la IA en redes 5G, incluyendo automatización de redes, optimización del ancho de banda, gestión de tráfico y predicción de fallos.

→ Explorar los modelos y algoritmos de IA aplicados en la gestión y operación de redes 5G, como el aprendizaje automático, el aprendizaje profundo y el análisis de datos en tiempo real.

→ Evaluar el impacto de la IA en la optimización de los recursos y el rendimiento de las redes 5G, considerando la mejora en la latencia, capacidad, fiabilidad y eficiencia energética.

→ Estudiar casos de uso y ejemplos prácticos de la integración de IA en redes 5G, para ilustrar su aplicación en sectores como la industria, la salud, las ciudades inteligentes y el entretenimiento.

1. Introducción

La irrupción de la tecnología 5G ha marcado un punto de inflexión en el desarrollo de las telecomunicaciones, permitiendo velocidades de conexión sin precedentes, una menor latencia y una capacidad de conectividad masiva que habilita nuevas aplicaciones y servicios. Al mismo tiempo, la inteligencia artificial (IA) ha emergido como una de las tecnologías clave para impulsar la transformación digital en múltiples sectores, destacándose por su capacidad para analizar grandes volúmenes de datos, automatizar procesos y optimizar la toma de decisiones en tiempo real. La combinación de estas dos tecnologías promete revolucionar la forma en que se gestionan y operan las redes de comunicación, así como las experiencias y servicios que se brindan a los usuarios.

En este contexto, la integración de la IA en entornos de 5G ofrece soluciones innovadoras para abordar los desafíos de gestión y eficiencia en redes cada vez más complejas. La IA tiene el potencial de automatizar procesos que anteriormente requerían intervención humana, como la optimización dinámica del ancho de banda, la gestión del tráfico y la predicción de fallos, contribuyendo a un uso más eficiente de los recursos y mejorando la experiencia del usuario final. Además, la IA abre la puerta a nuevas aplicaciones que dependen de la baja latencia y la alta fiabilidad de las redes 5G, como el Internet de las Cosas (IoT), los vehículos autónomos, la realidad aumentada y virtual, y los sistemas avanzados de salud y automatización industrial.

TechCity Solutions, una empresa dedicada a ofrecer soluciones tecnológicas avanzadas para ciudades inteligentes, donde la implementación de redes 5G y la inteligencia artificial desempeñan un papel clave, está trabajando en proyectos que abarcan desde la automatización de servicios urbanos hasta la optimización de sistemas de transporte y gestión de energía, utilizando las capacidades de 5G para interconectar dispositivos y procesar grandes volúmenes de datos en tiempo real.

2. Modelos de inteligencia artificial

 **HILO CONDUCTOR**

TechCity Solutions, en la implementación de un sistema de gestión inteligente del tráfico urbano, utiliza modelos avanzados de IA, como redes neuronales y

Continúa en página siguiente >>

<< *Viene de página anterior*

algoritmos de aprendizaje automático, para analizar en tiempo real los datos generados por los sensores y cámaras conectados a la red 5G. Estos dispositivos monitorean continuamente el flujo vehicular, los patrones de congestión y las condiciones ambientales.

Con los modelos de IA, TechCity Solutions puede predecir y optimizar el tráfico, ajustando automáticamente la sincronización de los semáforos para evitar embotellamientos y reducir el tiempo de viaje de los ciudadanos.

Además, estos algoritmos pueden predecir eventos como accidentes o picos de tráfico, permitiendo a las autoridades tomar decisiones preventivas.

Este sistema no solo mejora la eficiencia del transporte, sino que también contribuye a reducir la contaminación y el consumo de energía, factores clave en la visión de las ciudades inteligentes.

En el contexto de redes 5G, los modelos de inteligencia artificial (IA) son esenciales para procesar grandes volúmenes de datos, tomar decisiones automatizadas y mejorar la eficiencia de los sistemas.

 DEFINICIÓN

Modelos de inteligencia artificial
Son algoritmos o sistemas matemáticos que permiten a una máquina aprender a partir de datos, tomar decisiones y resolver problemas sin necesidad de ser programada explícitamente para cada tarea. Estos modelos pueden entrenarse con grandes conjuntos de datos y se ajustan continuamente para mejorar su precisión y rendimiento a medida que se exponen a nueva información.

👁 EJEMPLO

En el contexto de redes 5G, los modelos de IA son fundamentales para gestionar la conectividad, analizar patrones de tráfico y optimizar recursos en tiempo real.

2.1. Tipos de modelos de inteligencia artificial

Los modelos de IA se pueden clasificar en varias categorías dependiendo de su enfoque y arquitectura. Los principales tipos incluyen los que se describen a continuación.

Modelos de aprendizaje supervisado

En este enfoque, el modelo es entrenado con un conjunto de datos etiquetados, donde cada entrada tiene una salida conocida. El objetivo es que el modelo aprenda a predecir la salida correcta para nuevas entradas basándose en el conocimiento adquirido durante el entrenamiento.

Dentro de esta categoría, los algoritmos se pueden clasificar en:

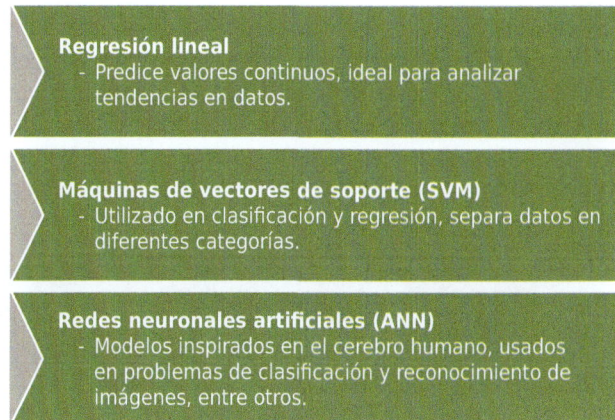

Regresión lineal
- Predice valores continuos, ideal para analizar tendencias en datos.

Máquinas de vectores de soporte (SVM)
- Utilizado en clasificación y regresión, separa datos en diferentes categorías.

Redes neuronales artificiales (ANN)
- Modelos inspirados en el cerebro humano, usados en problemas de clasificación y reconocimiento de imágenes, entre otros.

Modelos de aprendizaje no supervisado

Estos modelos trabajan con datos no etiquetados. El objetivo es que el algoritmo encuentre patrones ocultos o relaciones inherentes en los datos. Son útiles para tareas como la clasificación automática y la agrupación de datos *(clustering)*.

Dentro de esta categoría, los algoritmos se pueden clasificar en:

Análisis de componentes principales (PCA)
- Reduce la dimensionalidad de los datos, permitiendo identificar las variables más importantes.

K-means
- Agrupa datos en *clusters* basándose en similitudes.

Autoencoders
- Redes neuronales diseñadas para aprender una representación comprimida de los datos.

Modelos de aprendizaje por refuerzo

En el aprendizaje por refuerzo, el modelo interactúa con un entorno dinámico y toma decisiones en base a la retroalimentación que recibe (recompensas o castigos). Con el tiempo, el modelo aprende a maximizar las recompensas ajustando sus decisiones.

Dentro de esta categoría, los algoritmos se pueden clasificar en:

Q-learning
- Aprendizaje por refuerzo basado en la acumulación de recompensas a lo largo del tiempo.

Deep Q networks (DQN)
- Combinación de redes neuronales profundas con aprendizaje por refuerzo, usadas en entornos complejos.

Algoritmos Actor-Critic
- Combinan dos modelos, uno que toma decisiones y otro que las critica o evalúa.

Modelos de aprendizaje profundo *(deep learning)*

Este subcampo del aprendizaje automático utiliza redes neuronales profundas con múltiples capas para modelar relaciones complejas en los datos. Es especialmente útil en el procesamiento de grandes volúmenes de datos no estructurados, como imágenes, audio y vídeo.

Dentro de esta categoría, los algoritmos se pueden clasificar en:

Redes neuronales convolucionales (CNN)
- Utilizadas principalmente en el reconocimiento de imágenes y vídeo.

Redes neuronales recurrentes (RNN)
- Especializadas en datos secuenciales, como el análisis de series temporales o el procesamiento del lenguaje natural.

Transformers
- Modelos especializados en procesamiento de lenguaje natural y análisis de secuencias, como el algoritmo BERT.

2.2. Características de los modelos de inteligencia artificial

Los modelos de IA tienen una serie de características que los hacen valiosos en aplicaciones como la gestión de redes 5G. Entre ellas destacan:

- **Capacidad de adaptación.** Los modelos de IA pueden ajustarse en tiempo real a cambios en el entorno, lo que es fundamental en redes 5G donde las condiciones pueden variar rápidamente.
- **Predicción precisa.** Utilizando grandes cantidades de datos, los modelos de IA pueden realizar predicciones precisas sobre eventos futuros, como la congestión del tráfico o posibles fallos en la red.
- **Automatización inteligente.** Permiten la automatización de tareas complejas, como la gestión de recursos o la optimización de servicios en una red 5G, sin necesidad de intervención humana.
- **Escalabilidad.** Pueden manejar grandes volúmenes de datos, lo cual es esencial en entornos urbanos donde hay miles de dispositivos conectados.
- **Toma de decisiones en tiempo real.** Los algoritmos de IA son capaces de analizar datos y tomar decisiones en milisegundos, lo que es crucial para garantizar el rendimiento y la baja latencia en una red 5G.

SABÍAS QUE...

La misma **IA está ayudando a optimizar el despliegue de redes de IA.** Es decir, los modelos de IA no solo son útiles para mejorar el rendimiento y la gestión de los recursos en 5G, sino que también se utilizan para **planificar y optimizar las propias redes 5G.** Esto se conoce como "redes auto-organizadas" (SON, por sus siglas en inglés).

En las redes 5G, las operadoras pueden aprovechar modelos de **aprendizaje automático** para decidir dónde deben instalarse nuevas estaciones base o antenas para maximizar la cobertura y minimizar la interferencia. Este proceso, que antes requería una gran cantidad de intervención manual y decisiones basadas en estimaciones, ahora es gestionado por algoritmos de IA que analizan factores como la densidad de usuarios, el tráfico de datos en diferentes momentos del día y las condiciones del entorno (por ejemplo, edificios que podrían bloquear señales).

3. Sistemas de aprendizaje automático y manuales

 **HILO CONDUCTOR**

En una empresa como TechCity Solutions, tanto los sistemas de aprendizaje automático como los sistemas manuales pueden tener su lugar, dependiendo de la complejidad y la naturaleza del problema:

- Aprendizaje automático para la gestión del tráfico urbano, predicción de fallos en infraestructuras críticas y optimización de la energía en redes 5G.
- Aplicaciones de aprendizaje manual para tareas como control de infraestructura de iluminación pública y sistemas de seguridad de bajo riesgo.

En el desarrollo de tecnologías avanzadas es fundamental comprender las diferencias y características entre los **sistemas de aprendizaje automático** *(machine learning)* y los **sistemas de aprendizaje manual** o tradicionales, ya que cada uno tiene aplicaciones y beneficios específicos dependiendo del contexto.

En un entorno 5G, el aprendizaje automático se utiliza para optimizar el rendimiento de la red, gestionar grandes volúmenes de dispositivos conectados, y prever problemas en tiempo real, mejorando la eficiencia y reduciendo tiempos de respuesta.

 DEFINICIÓN

Aprendizaje automático *(machine learning)*
El aprendizaje automático es un subcampo de la inteligencia artificial que se centra en la creación de algoritmos que permiten a los sistemas aprender a partir de datos sin necesidad de ser programados de forma explícita para cada tarea. Estos sistemas pueden mejorar su desempeño con el tiempo y a medida que reciben más datos, ajustándose a nuevas condiciones sin intervención humana directa.

Aprendizaje manual
Implica el uso de sistemas que dependen totalmente de instrucciones predefinidas y específicas para ejecutar tareas. En estos sistemas, los humanos diseñan y escriben las reglas o algoritmos que guían el comportamiento de los programas. Aunque estos sistemas pueden ser eficaces para resolver problemas bien definidos y conocidos, su capacidad de adaptarse a nuevas situaciones es limitada sin intervención humana.

 EJEMPLO

En un sistema manual para gestionar una red de semáforos en una ciudad, los ingenieros definirían reglas fijas sobre cómo operar los semáforos en función de ciertos datos de tráfico, pero estos sistemas no podrían aprender o ajustarse automáticamente si las condiciones del tráfico cambiaran inesperadamente, como en caso de un accidente o de un evento masivo.

3.1. Comparación entre aprendizaje automático y aprendizaje manual

A continuación, puedes ver una comparativa entre los dos tipos de aprendizaje en base a sus características principales:

Característica	Aprendizaje automático	Aprendizaje manual
Capacidad de adaptación	Se adapta automáticamente a nuevos datos y condiciones sin intervención humana.	Requiere la intervención humana para ajustar las reglas o parámetros.
Eficiencia	Eficiente en el manejo de grandes volúmenes de datos y situaciones complejas.	Limitado a la eficiencia de las reglas predefinidas; no escala bien con datos masivos.
Flexibilidad	Flexible para aprender patrones ocultos en datos no estructurados.	Rigidez en la toma de decisiones basadas en reglas fijas.
Automatización	Automatiza procesos y mejora su rendimiento con el tiempo.	No puede mejorar ni ajustarse sin programación adicional.
Tiempos de respuesta	Toma decisiones en tiempo real y mejora su precisión con el uso continuo.	Tiempos de respuesta basados en reglas fijas, sin posibilidad de mejoras dinámicas.
Requerimientos iniciales	Requiere una gran cantidad de datos para entrenarse.	Menos dependiente de grandes cantidades de datos iniciales, pero limitado a casos conocidos.
Costes de mantenimiento	Una vez entrenado, el sistema puede ser de bajo mantenimiento.	Requiere intervención continua para ajustar reglas cuando surgen nuevas situaciones.

3.2. Ventajas del aprendizaje automático sobre el manual en entornos 5G

En el contexto de redes 5G, el **aprendizaje automático** tiene claras ventajas sobre los sistemas manuales, ya que 5G involucra una **cantidad masiva de datos** y requiere decisiones en tiempo real. Algunas de las ventajas clave incluyen:

Escalabilidad
- Los modelos de aprendizaje automático son capaces de gestionar y procesar miles de dispositivos conectados en la red 5G sin necesidad de intervención humana, mientras que los sistemas manuales no escalan con la misma facilidad.

Predicción y optimización
- El aprendizaje automático puede prever problemas antes de que ocurran (como congestiones de tráfico o fallos en la red), permitiendo una optimización continua, mientras que los sistemas manuales solo pueden reaccionar a situaciones previamente definidas.

Adaptación en tiempo real
- La capacidad de los algoritmos de *machine learning* para adaptarse a condiciones cambiantes en tiempo real, como cambios súbitos en la demanda de red o patrones de tráfico, proporciona una ventaja significativa en comparación con los sistemas manuales, que requieren reprogramación para adaptarse a nuevas condiciones.

Un aspecto interesante para considerar en este apartado es la combinación de ambos enfoques, es decir, la integración de sistemas de aprendizaje automático y manual para crear soluciones híbridas que maximicen la eficiencia.

 **EJEMPLO**

Se implementa un sistema híbrido para gestionar la energía en la red de iluminación pública en una ciudad inteligente. El sistema podría funcionar de la siguiente manera:

- El **aprendizaje manual** establece reglas básicas, como encender las luces a una intensidad del 50 % al anochecer y apagarlas al amanecer.
- El **aprendizaje automático** ajusta estas reglas en tiempo real: Si los sensores de movimiento detectan actividad en un área determinada, el sistema aumenta la intensidad de las luces automáticamente; o si los datos meteorológicos predicen un día nublado, el sistema puede encender las luces antes de lo programado.

Continúa en página siguiente >>

<< Viene de página anterior

- En situaciones donde la IA no esté segura del mejor ajuste (por ejemplo, durante eventos masivos en la ciudad), el sistema puede enviar alertas a los operadores humanos para supervisar y aprobar cambios.

Este tipo de enfoque híbrido maximiza la eficiencia al combinar la adaptabilidad automática con el control humano, lo que es especialmente valioso en ciudades inteligentes, donde la variabilidad es alta y se requiere flexibilidad operativa.

3.3. Mejora continua a través del aprendizaje supervisado y no supervisado

En el ámbito de la mejora continua, un aspecto curioso es que un sistema híbrido puede aprovechar tanto el aprendizaje supervisado como el no supervisado para adaptarse a situaciones nuevas:

Aprendizaje supervisado	- En un entorno de ciudad inteligente, un sistema puede ser entrenado con datos etiquetados sobre cómo debe comportarse el tráfico en situaciones específicas.
Aprendizaje no supervisado	- A medida que se recogen más datos, el sistema puede detectar patrones nuevos y no anticipados (como nuevas rutas de tráfico formadas por la expansión de la ciudad), ajustándose automáticamente sin intervención humana directa.

Esto permite que las redes 5G y las infraestructuras urbanas sean cada vez más autónomas y adaptativas, contribuyendo a que las ciudades sean más eficientes y habitables.

 SABÍAS QUE...

Hay un desarrollo fascinante de lo que se conoce como IA distribuida en el contexto de 5G. En lugar de depender de un solo centro de datos centralizado, las

Continúa en página siguiente >>

<< Viene de página anterior

capacidades de procesamiento de la IA se distribuyen en nodos más cercanos al usuario (en el borde de la red). Esto permite que la IA procese datos y tome decisiones en tiempo real sin depender de la nube, reduciendo la latencia de forma significativa. Esta es una combinación innovadora de la "computación en el borde" *(edge computing)* y la IA.

 ## ACTIVIDAD COMPLEMENTARIA

3. La actividad tiene como objetivo desarrollar un caso concreto de inteligencia artificial aplicada en redes 5G, que podría implementarse en un entorno urbano o industrial. Para ello, identifica problemas específicos que puedan ser resueltos con IA en el contexto de una ciudad inteligente y propón soluciones optimizadas utilizando la red 5G.

Concretamente, vamos a usar IA y su impacto en la movilidad conectada (vehículos autónomos).

---

4. Programación de inteligencia artificial, NLP, *text to speech*, *speech to text* y algoritmos

 ## HILO CONDUCTOR

En un entorno de ciudad inteligente, NLP puede aplicarse en varias áreas clave, como la interacción con los ciudadanos a través de *chatbots* inteligentes o asistentes virtuales. Estos sistemas, impulsados por redes 5G, podrían ser utilizados para proporcionar información en tiempo real sobre el tráfico, el transporte público o los servicios de la ciudad, permitiendo a los usuarios interactuar con la infraestructura urbana a través del lenguaje natural, ya sea por texto o por voz.

La **programación de inteligencia artificial (IA)** abarca una serie de técnicas y herramientas que permiten a los sistemas realizar tareas complejas, como el procesamiento del lenguaje natural (NLP), la conversión de texto a voz *(text to speech)*, la transcripción de voz a texto *(speech to text)* y el desarrollo de algoritmos que permiten a la IA aprender y tomar decisiones.

 **DEFINICIÓN**

El procesamiento del lenguaje natural *(natural language processing, NLP)*
Es una rama de la IA que se centra en la interacción entre las máquinas y el lenguaje humano. El objetivo del NLP es permitir que los sistemas comprendan, interpreten y generen lenguaje natural de manera similar a como lo hace un ser humano.

- -

Algunas técnicas de NLP son:

- **Análisis de sentimiento:** técnica que permite determinar el tono emocional (positivo, negativo o neutral) en los ciudadanos, lo cual es útil en servicios de atención al cliente.
- ***Chatbots* inteligentes:** interfaces conversacionales que pueden asistir a los ciudadanos, respondiendo preguntas sobre servicios municipales, condiciones de tráfico o situaciones de emergencias.
- **Traducción automática:** permite traducir entre diferentes idiomas en tiempo real, facilitando la comunicación en entornos multiculturales.

Los algoritmos comunes son:

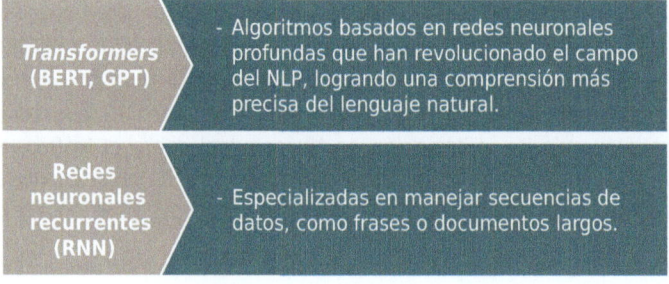

Transformers (BERT, GPT)	- Algoritmos basados en redes neuronales profundas que han revolucionado el campo del NLP, logrando una comprensión más precisa del lenguaje natural.
Redes neuronales recurrentes (RNN)	- Especializadas en manejar secuencias de datos, como frases o documentos largos.

DEFINICIÓN

___

Text to speech (TTS) - Conversión de texto a voz

Es una tecnología que convierte texto escrito en voz hablada. Utiliza modelos avanzados de IA y redes neuronales para generar una voz lo más natural posible. Esta tecnología es especialmente útil en aplicaciones donde los usuarios prefieren escuchar información en lugar de leerla.

- -

En una ciudad inteligente, se podría utilizar TTS en sistemas de información pública, como por ejemplo:

➲ Anuncios en estaciones de transporte público o alertas de emergencia que se transmiten en tiempo real basadas en datos recogidos de sensores conectados a la red 5G.

➲ Asistentes virtuales en vehículos autónomos que proporcionen actualizaciones habladas sobre el tráfico, el clima o el destino a los pasajeros.

Los algoritmos comunes son:

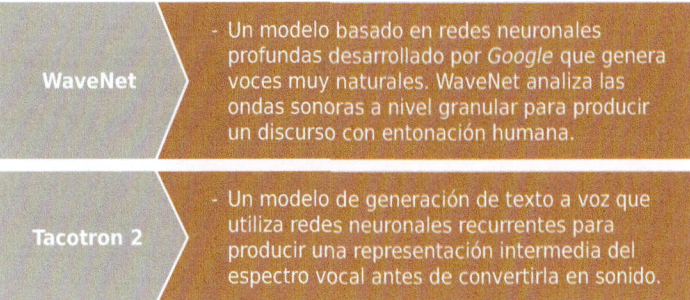

WaveNet - Un modelo basado en redes neuronales profundas desarrollado por *Google* que genera voces muy naturales. WaveNet analiza las ondas sonoras a nivel granular para producir un discurso con entonación humana.

Tacotron 2 - Un modelo de generación de texto a voz que utiliza redes neuronales recurrentes para producir una representación intermedia del espectro vocal antes de convertirla en sonido.

DEFINICIÓN

___

Speech to text (STT) - Conversión de voz a texto

Es la tecnología que permite a un sistema transcribir lo que un usuario está diciendo en tiempo real. Es una herramienta fundamental en la interacción

Continúa en página siguiente >>

<< *Viene de página anterior*

hombre-máquina, especialmente cuando los usuarios prefieren o necesitan usar comandos de voz.

Los algoritmos comunes son:

DeepSpeech
- Un modelo basado en aprendizaje profundo desarrollado por *Mozilla*, que convierte la voz a texto utilizando redes neuronales.

Hidden Markov models (HMM)
- Este modelo matemático es uno de los más antiguos en STT y se utiliza para representar probabilidades y secuencias de fonemas en la cadena de habla.

Convolutional neural networks (CNN)
- Utilizadas para mejorar la precisión de la transcripción al reconocer patrones complejos en las señales de voz.

Los **algoritmos** son la base de cualquier sistema de IA. Existen múltiples tipos de algoritmos que se emplean según la tarea específica que se quiera resolver. Los más comunes en el contexto de **NLP, TTS y STT** incluyen:

- **Redes neuronales profundas (DNN).** Son un tipo de algoritmo de aprendizaje automático que se inspira en el funcionamiento del cerebro humano. Estas redes se componen de múltiples capas (neuronas artificiales) que procesan los datos de manera jerárquica.
- Aplicación en TTS y STT: las redes neuronales profundas se utilizan para entrenar sistemas que puedan reconocer patrones de voz (STT) o generar voz a partir de texto (TTS). Su capacidad de aprendizaje es ideal para manejar la variabilidad del lenguaje humano.
- **Algoritmos de aprendizaje por refuerzo *(reinforcement learning).*** Estos algoritmos aprenden a través de la interacción con un entorno y la retroalimentación basada en recompensas y castigos. Este tipo de aprendizaje es ideal para sistemas que toman decisiones, como los asistentes virtuales o los vehículos autónomos.

Aplicación en vehículos autónomos: permiten que los vehículos aprendan a tomar decisiones de navegación y comportamiento en tiempo real, optimizando las rutas y evitando accidentes.

➲ **Algoritmos de aprendizaje supervisado y no supervisado.** Estos son los tipos de aprendizaje más utilizados en la programación de IA:

♦ Supervisado: entrenamiento del modelo con datos etiquetados. Es útil en sistemas de reconocimiento de voz, donde se proporcionan ejemplos claros de qué sonido corresponde a qué texto.

♦ No supervisado: el modelo aprende sin datos etiquetados, descubriendo patrones o estructuras en los datos. Se puede usar en aplicaciones como la detección de anomalías en redes 5G para identificar fallos o problemas inesperados en el sistema.

 APLICACIÓN PRÁCTICA

En un proyecto de crear una ciudad inteligente no nos centramos en un único elemento, sino en un conjunto de acciones. Entre ellas, se destaca como más habitual el control del tráfico en la ciudad, pero también se debe actuar sobre la gestión de servicios (como el mantenimiento de infraestructuras, la racionalización de la energía en edificios públicos, el estudio de abastecimiento de gas, etc.). Entre los componentes que nos ayudan a estas tareas se encuentra la inteligencia artificial. En el contexto del control de tráfico, ¿cuál de las aplicaciones de inteligencia artificial (IA) en redes 5G es más efectiva para optimizar el tráfico en una ciudad inteligente?

Solución

El uso de aprendizaje automático para predecir congestiones y ajustar la sincronización de los semáforos en tiempo real, ya que este enfoque aprovecha los datos en tiempo real y el análisis predictivo mediante IA, junto con la baja latencia de 5G, para mejorar la fluidez del tráfico y evitar embotellamientos.

5. Inteligencia artificial aplicada a *big data, blockchain,* 5G, IoT y *smart cities*

☞ HILO CONDUCTOR

TechCity Solutions aplica *big data* junto con IA para gestionar el tráfico en tiempo real, recogiendo datos de sensores distribuidos por la ciudad y vehículos conectados. A través del análisis en tiempo real, la IA ajustaría automáticamente las rutas, optimizando los tiempos de viaje y reduciendo la congestión.

Por otro lado, TechCity Solutions puede implementar un sistema de energía renovable distribuida en la ciudad. Los ciudadanos podrían intercambiar energía de forma autónoma a través de contratos inteligentes en *blockchain,* mientras que la IA optimizaría el consumo de energía en función de la demanda en tiempo real.

La tecnología *blockchain* transfiere un carácter de protección y seguridad en los datos de los usuarios.

Gracias a la red 5G, TechCity Solutions conecta todos los sensores de la ciudad con un sistema centralizado de IA, que analiza en tiempo real los datos del tráfico, el uso de la energía y los patrones de movilidad para mejorar la toma de decisiones y la eficiencia de los servicios urbanos.

La inteligencia artificial (IA) se integra y potencia tecnologías emergentes como el *big data, blockchain,* 5G, Internet de las Cosas (IoT), y tiene un papel clave en la creación de *smart cities.*

Estas tecnologías, junto con la IA, están transformando las infraestructuras urbanas, permitiendo una gestión más eficiente de los recursos, la optimización de servicios y mejorando la calidad de vida de los ciudadanos.

5.1. Inteligencia artificial y big data

Big data hace referencia a grandes volúmenes de datos que son recopilados, almacenados y procesados de forma continua.

En las ciudades inteligentes, estos datos provienen de diversas fuentes como sensores IoT, cámaras, redes sociales, dispositivos móviles y sistemas de tráfico.

La **inteligencia artificial** es fundamental para procesar y analizar los datos masivos que genera una ciudad inteligente. Los modelos de aprendizaje automático y profundo son capaces de identificar patrones ocultos en los datos, hacer predicciones y optimizar la toma de decisiones en tiempo real.

 EJEMPLO

Aplicaciones en *smart cities:*

- Optimización del tráfico: los algoritmos de IA pueden analizar los datos generados por vehículos y sensores para ajustar la sincronización de los semáforos y gestionar el flujo de tráfico.
- Predicción de fallos en infraestructuras: a través del análisis predictivo de *big data*, la IA puede prever cuándo fallará una infraestructura crítica (como sistemas eléctricos o transporte) y programar el mantenimiento preventivo.
- Análisis de sentimientos y seguridad: la IA puede analizar grandes volúmenes de datos de redes sociales para identificar amenazas o detectar incidentes de seguridad, mejorando la respuesta ante emergencias.

5.2. Inteligencia artificial y blockchain

Blockchain es una tecnología de registro distribuido que permite transacciones seguras, transparentes e inmutables sin necesidad de intermediarios. Aunque es más conocida por su aplicación en criptomonedas, su uso en *smart cities* y con IA es muy prometedor.

La IA y *blockchain* se complementan de varias formas:

Seguridad de los datos
- Los datos que la IA procesa pueden ser sensibles (como datos de tráfico o energía). *Blockchain* asegura que esos datos no puedan ser alterados, garantizando su integridad.

Continúa en página siguiente >>

<< Viene de página anterior

Transparencia en la toma de decisiones
- La IA puede automatizar decisiones basadas en datos almacenados en una *blockchain,* asegurando que todas las decisiones sean transparentes y verificables por cualquier actor del sistema.

Contratos inteligentes
- *Blockchain* permite el uso de **contratos inteligentes** *(smart contracts),* que pueden ser activados automáticamente por IA cuando se cumplen ciertos criterios. Por ejemplo, en el ámbito de la movilidad, un contrato inteligente podría gestionar el pago y la utilización de un servicio de transporte autónomo basado en la demanda y oferta en tiempo real.

 **EJEMPLO**

Aplicaciones en *smart cities:*

- **Gestión energética descentralizada:** con la IA analizando el consumo energético y *blockchain* gestionando las transacciones energéticas entre hogares y empresas, las ciudades inteligentes pueden crear mercados de energía descentralizados y transparentes.
- **Pagos automáticos y seguros:** la IA puede gestionar los pagos de servicios urbanos (transporte, electricidad, etc.), y *blockchain* puede garantizar que las transacciones sean seguras e inmutables.

5.3. Inteligencia artificial y 5G

La tecnología 5G ofrece una mayor velocidad, menor latencia y mayor capacidad para conectar dispositivos a una red de manera eficiente. Esto habilita la posibilidad de gestionar dispositivos masivos en tiempo real y facilita la implementación de *smart cities* conectadas.

La IA necesita acceso a grandes volúmenes de datos y respuestas en tiempo real para tomar decisiones informadas. La red **5G** es crucial para la recolección de estos datos de dispositivos IoT y la rápida ejecución de algoritmos de IA.

EJEMPLO

Aplicaciones en *smart cities:*

- **Vehículos autónomos:** los vehículos autónomos dependen de la IA para la navegación y la toma de decisiones en tiempo real, y 5G permite una comunicación instantánea entre los vehículos y la infraestructura urbana.
- **Monitoreo de infraestructuras:** sensores conectados a 5G pueden recopilar y transmitir datos de infraestructura urbana (puentes, carreteras, edificios), y la IA puede procesar estos datos para prever posibles fallos o necesidades de mantenimiento.

5.4. Inteligencia artificial y IoT (Internet de las Cosas)

El **Internet de las Cosas (IoT)** se refiere a la interconexión de dispositivos físicos (sensores, cámaras, dispositivos móviles, etc.) que recopilan y comparten datos a través de Internet.

En las ciudades inteligentes, los dispositivos IoT permiten la recopilación continua de datos sobre el estado de la infraestructura, el tráfico, el clima, la energía y más.

La IA utiliza los datos generados por los dispositivos IoT para realizar análisis predictivos, tomar decisiones automatizadas y optimizar el rendimiento de los sistemas urbanos. Cuantos más datos tiene, mejor puede ajustar sus algoritmos y ofrecer soluciones en tiempo real.

5.5. Inteligencia artificial y *smart cities*

Las ***smart cities*** son ciudades que utilizan tecnología avanzada, como IA, IoT, *big data* y 5G, para mejorar la calidad de vida de sus ciudadanos mediante la optimización de recursos, la mejora de la movilidad, la gestión eficiente de la energía y la provisión de servicios públicos en tiempo real.

La **inteligencia artificial** es el motor que permite a una ciudad convertirse en inteligente, ya que proporciona la capacidad de analizar datos en tiempo real, aprender de ellos y ajustar los sistemas urbanos en función de los cambios en el entorno.

◁⊙▷ EJEMPLO

Aplicaciones en *smart cities:*

- **Movilidad inteligente:** a través de la IA, los sistemas de transporte urbano pueden ajustarse en tiempo real para mejorar la eficiencia, reducir el tiempo de viaje y minimizar el impacto ambiental.
- **Sostenibilidad:** la IA ayuda a optimizar el consumo de recursos (agua, energía, etc.) y reduce los residuos mediante el análisis predictivo y la automatización.
- **Seguridad pública:** las ciudades inteligentes equipadas con IA pueden detectar incidentes de seguridad a través de análisis de vídeo en tiempo real, ayudando a la policía y a los servicios de emergencia a responder de manera más rápida y eficaz.

 TAREA 3

Eres parte del equipo de TechCity Solutions, encargado de implementar una solución inteligente para mejorar la gestión del tráfico en una ciudad congestionada, utilizando las tecnologías emergentes estudiadas. En las horas pico, los embotellamientos son comunes en las principales avenidas y calles de la ciudad, lo que genera contaminación, pérdida de tiempo y frustración entre los ciudadanos.

La ciudad ya ha instalado una serie de sensores IoT en los semáforos y cámaras en las principales intersecciones, pero el sistema actual solo sigue un ciclo de tiempo fijo para los semáforos. Tu tarea es proponer una solución que utilice IA, 5G y *big data* para optimizar el tráfico en tiempo real.

1. ¿Qué tipo de datos recopilarás y cómo utilizarás *big data* para analizarlos?
2. ¿Cómo se beneficiará la IA de la baja latencia de la red 5G para gestionar el tráfico en tiempo real?
3. ¿Qué tipo de algoritmo de IA utilizarás para tomar decisiones sobre el tráfico?
4. ¿Cómo los dispositivos IoT proporcionarán información en tiempo real y cómo se integrará esto en el sistema?

6. Resumen

La caracterización de la inteligencia artificial (IA) en entornos de redes 5G aborda su integración con tecnologías emergentes como *big data, blockchain,* IoT y su impacto en la creación de *smart cities.*

El análisis en la optimización de recursos y la mejora de los servicios urbanos mediante el uso de IA se aplica a la gestión del tráfico, la seguridad urbana y la optimización energética en ciudades inteligentes.

Los diferentes modelos de inteligencia artificial comprenden el aprendizaje supervisado, no supervisado y el aprendizaje por refuerzo.

Los sistemas de aprendizaje automático, que dependen de IA, permiten una mayor flexibilidad y eficiencia en la gestión de infraestructuras urbanas, mientras que los sistemas manuales siguen siendo útiles en tareas más específicas y sencillas.

La programación de IA está detrás de tecnologías clave como el procesamiento del lenguaje natural (NLP), *text to speech* (TTS) y *speech to text* (STT), que son esenciales para la interacción humano-máquina en ciudades inteligentes. Los algoritmos de IA como *deep learning* y *transformers* se utilizan para mejorar la capacidad de estas tecnologías de interpretar y generar lenguaje natural en tiempo real.

La IA se integra con otras tecnologías emergentes, *big data, blockchain,* 5G y IoT. Estos elementos son fundamentales para el desarrollo de *smart cities,* donde la IA juega un papel crucial en la movilidad, sostenibilidad y seguridad.

Ejercicios de autoevaluación
Unidad de Aprendizaje 3

1. **¿Cuál es una característica principal de los modelos de inteligencia artificial?**

   a. Funcionan exclusivamente en entornos sin conexión a internet.
   b. Son utilizados solo para análisis estadístico de grandes volúmenes de datos.
   c. Permiten simular procesos de toma de decisiones complejos.
   d. Solo pueden funcionar en dispositivos móviles.

2. **¿Qué diferencia fundamental existe entre los sistemas de aprendizaje automático y los sistemas manuales?**

   a. El aprendizaje automático requiere intervención constante del usuario.
   b. Los sistemas manuales no requieren datos históricos para funcionar.
   c. El aprendizaje automático se adapta y mejora sin necesidad de ajustes manuales.
   d. Solo los sistemas manuales se usan en aplicaciones de IoT.

3. **¿Cuál de los siguientes es un ejemplo de tecnología de NLP (procesamiento de lenguaje natural)?**

   a. Redes neuronales convolucionales.
   b. Algoritmos de detección de objetos.
   c. Modelos de predicción meteorológica.
   d. Conversión de texto a voz *(text to speech)*.

4. **¿Qué tecnología permite la comunicación instantánea entre dispositivos en entornos de *smart cities?***

   a. Cobertura 5G.
   b. *Big data.*
   c. *Blockchain.*
   d. Inteligencia artificial general.

5. ¿Qué aplicación tiene la inteligencia artificial en entornos de *blockchain?*

    a. Mejora la velocidad de transferencia de datos.
    b. Aumenta la seguridad y transparencia en el manejo de datos.
    c. Reduce la cantidad de dispositivos necesarios en una red.
    d. Solo se utiliza para fines educativos.

6. ¿Cuál es la principal ventaja del uso de inteligencia artificial en *big data?*

    a. Permite el análisis y comprensión de grandes volúmenes de datos de manera eficiente.
    b. Facilita la interconexión de dispositivos a través de la red 4G.
    c. Elimina la necesidad de programadores en la empresa.
    d. Solo se utiliza para reconocer imágenes.

7. ¿Qué función tiene la inteligencia artificial en el contexto del Internet de las Cosas (IoT)?

    a. Gestionar las conexiones a internet de los dispositivos.
    b. Facilitar la toma de decisiones en tiempo real basada en datos recopilados.
    c. Proporcionar entretenimiento a los usuarios finales.
    d. Solo sirve para controlar la calidad de los datos.

8. ¿Qué tarea realiza un algoritmo de *speech to text?*

    a. Convierte texto en voz.
    b. Convierte voz en texto.
    c. Traduce texto a otros idiomas.
    d. Mejora la calidad de sonido en una llamada.

9. ¿Cuál es el propósito del uso de algoritmos de IA en entornos de cobertura 5G?

    a. Mejorar la señal de los dispositivos.
    b. Aumentar la cobertura de señal en áreas rurales.

    c. Eliminar la necesidad de *routers*.

    d. Optimizar el análisis de datos en tiempo real y reducir la latencia.

10. ¿Qué característica distingue a la IA cuando se aplica en entornos de *smart cities*?

    a. Permite la automatización de todos los servicios municipales sin supervisión.

    b. Favorece el análisis de datos en tiempo real para optimizar recursos urbanos.

    c. Reemplaza completamente al personal humano en servicios públicos.

    d. Hace innecesarias las conexiones de red de alta velocidad.

Glosario

5G (quinta generación de redes móviles)
Tecnología de comunicaciones móviles de quinta generación, diseñada para proporcionar velocidades más rápidas, menor latencia y mayor capacidad en comparación con las generaciones anteriores (4G/LTE).

Autenticación
Proceso de verificar la identidad de un usuario, dispositivo o sistema.

Automatización de la red
Uso de la IA para reducir la intervención humana en la operación y mantenimiento de la red 5G. Esto incluye desde la configuración de la red hasta la resolución de problemas en tiempo real, mejorando la eficiencia operativa.

Backup
Copia de seguridad de datos almacenada para su recuperación en caso de pérdida o daño.

Banda C
Rango de frecuencias utilizado en aplicaciones de telecomunicaciones.

Biometría
Uso de características físicas o comportamentales únicas para autenticar la identidad, como huellas dactilares o reconocimiento facial.

Ciberseguridad
Prácticas y medidas diseñadas para proteger sistemas informáticos, redes y datos de amenazas cibernéticas.

Cifrado de clave pública
Técnica criptográfica que utiliza un par de claves para cifrar y descifrar información.

Criptografía asimétrica
Técnica criptográfica que utiliza dos claves diferentes una para cifrar y otra para descifrar.

Disponibilidad
Garantía de que los servicios, recursos o datos están disponibles para los usuarios autorizados cuando los necesiten.

Eficiencia espectral
Medida de la capacidad de una red para transmitir datos de manera eficiente en el espectro de frecuencia.

ECPRI *(evolved common public radio interface)*
Interfaz de radio pública común evolucionada, clave para la eficacia de la arquitectura 5G.

Firewall
Dispositivo de seguridad que controla el tráfico de red basado en reglas predefinidas.

Inteligencia artificial (IA)
Campo de la informática que se centra en crear sistemas capaces de realizar tareas que requieren inteligencia humana, como el reconocimiento de voz, la toma de decisiones o la predicción de patrones. En redes 5G, la IA se utiliza para la optimización automática y la gestión inteligente de la red.

Interfaces de red 5G
Puntos de conexión que permiten la comunicación entre diferentes componentes de la red 5G.

Integridad de datos
Garantía de que la información no ha sido alterada o modificada sin autorización.

Intrusión
Acceso no autorizado o intento de acceso no autorizado a un sistema informático.

Latencia
El tiempo que tarda un paquete de datos en viajar de la fuente al destino.

Malware
Software malicioso diseñado para dañar, acceder o tomar el control de sistemas informáticos.

Machine learning (aprendizaje automático)

Rama de la IA que permite a los sistemas aprender de los datos sin estar explícitamente programados. En 5G, el aprendizaje automático se usa para mejorar la calidad del servicio (QoS), predecir fallos en la red y optimizar la asignación de recursos.

Massive MIMO

Múltiple entrada, múltiple salida *(multiple input, multiple output)* a gran escala, mejora la eficiencia espectral.

NFV *(network function virtualization)*

Virtualización de las funciones de red que tradicionalmente se llevaban a cabo en *hardware* dedicado, para ejecutarlas en *software* sobre servidores estándar. La IA se utiliza para automatizar la orquestación de estos recursos virtualizados.

No repudio

Capacidad de demostrar que una entidad realizó una acción y no puede negar haberla hecho.

Orquestración inteligente

Proceso mediante el cual la IA gestiona y coordina los diferentes elementos de la red 5G (como recursos, funciones y servicios) para garantizar un rendimiento óptimo y adaptable, en tiempo real.

Phishing

Técnica de engaño en línea utilizada para obtener información confidencial, como contraseñas y detalles de tarjetas de crédito.

Política de seguridad

Conjunto de reglas y prácticas establecidas para proteger la seguridad de la información en una organización.

Procesamiento inteligente

Uso de algoritmos avanzados para coordinar y dirigir inteligentemente señales en la red.

Proyecto 3GPP

Proyecto de asociación de tercera generación que aborda diversas tecnologías de telecomunicaciones, incluyendo las redes 5G.

RAN (red de acceso por radio)

Parte de la red 5G que incluye estaciones base y antenas para la comunicación inalámbrica.

Reasignación para 5G

Utilización de nuevas frecuencias, como la banda C, para expandir el espectro disponible para las redes 5G.

Red neuronal convolucional (CNN)

Tipo de arquitectura de IA utilizada para el reconocimiento de patrones complejos en imágenes y secuencias de datos. En redes 5G, las CNN pueden ser empleadas para mejorar la gestión del espectro y la predicción del tráfico.

Segmentación de red

División de la red en segmentos para mejorar el rendimiento y la seguridad.

Servicios de datos móviles

Ofrecer servicios que permiten la transmisión de datos a través de redes móviles.

Tecnología 5G

Quinta generación de tecnologías móviles, que proporciona velocidades de descarga ultrarrápidas, baja latencia y capacidad para conectar múltiples dispositivos simultáneamente.

Vehículos autónomos

Uno de los casos de uso más avanzados de las redes 5G, donde la baja latencia y la conectividad masiva son esenciales para la comunicación entre vehículos, infraestructura y la nube. La IA ayuda a procesar grandes cantidades de datos en tiempo real para la toma de decisiones autónomas.

Virtualización de red

Creación de instancias virtuales de recursos de red para mejorar la flexibilidad y la eficiencia.

Vulnerabilidades de metadatos

Puntos débiles en la información asociada a los datos transmitidos que pueden ser explotados por amenazas de seguridad.

Zero-Day

Vulnerabilidad de seguridad desconocida y sin parche en un sistema, explotada antes de que se implemente una solución.

Bibliografía

Monografías

→ Computer Economics: *IT Spending & Staffing Benchmarks*. 2018/2019.

  Informe y análisis sobre los efectos de la adopción de nuevas tecnologías en el sector financiero europeo.

→ LÓPEZ Benítez, Y.: *Transformación digital en la empresa*. Antequera: IC Editorial, 2021.

  Publicación que versa sobre el impacto de la tecnología y cómo su adopción resulta ser clave para los procesos de transformación digital de las empresas.

→ LÓPEZ Benítez, Y.: *Gestión de la seguridad informática en la empresa*. Antequera: IC Editorial, 2019.

  Publicación que explica cómo abordar la gestión de la seguridad informática en las organizaciones atendiendo a los principios de la seguridad de la información.

→ RODRÍGUEZ, J.: *5G Networks: Fundamentals, Techniques, and Applications*. [s. l.]: 2020.

  Este libro proporciona una visión integral de las redes 5G, con capítulos específicos sobre el uso de IA para mejorar el rendimiento, la gestión de la red y la automatización en entornos de 5G.

→ STIGLITZ, J.: *The Revolution of Information Economics: The Past and the Future*. National Bureau of Economic Research. Working Paper, n.º 23780, 2017.

  Joseph Stiglitz analiza tanto el pasado como el futuro de esta rama de la economía. La economía de la información se centra en cómo se crean, distribuyen y utilizan los datos y la información en una economía, y cómo esto afecta a la toma de decisiones y a los resultados económicos. Stiglitz es un economista destacado y ganador del Premio Nobel de Economía, y en este trabajo explora cuestiones relacionadas con la economía de la información, como el poder de mercado, la asimetría de la información y la influencia de la tecnología en la economía.

→ UMAIR, A., IMRAN, A. y RAZA ZAIDI, S. A.: *Artificial Intelligence and Machine Learning in 5G Wireless Networks*. [s. l.]: 2022.

> Esta obra aborda cómo la IA y el aprendizaje automático se están integrando en las redes inalámbricas 5G, cubriendo aplicaciones como la optimización de red, la gestión de recursos y el *edge computing*.

Textos electrónicos

→ Cómo asegurar tu empresa de ciberataques y conceptos básicos, de: <https://www.youtube.com/watch?v=AsYw38EDR_8>.

> Vídeo en el que se explican algunos conceptos importantes relacionados con los principios de la seguridad de la información, en el que se dan a conocer enfoques de la seguridad de los datos y políticas de protección.

→ La ecuación digital, conectividad inteligente y 5G, de: <https://www.youtube.com/watch?v=4d37oO0XOJU>.

> 36º Encuentro de la Economía Digital y las Telecomunicaciones de AMETIC que se llevó a cabo a través de una mesa redonda enfocada en conocer más sobre la conectividad inteligente y las redes 5G.

→ Los nuevos modelos de negocio que llegan con el 5G, de: <https://www.expansion.com/empresas/tecnologia/2022/04/28/626a6805e5fdeae6478b4634.html>.

> Artículo del periódico Expansión que pone de manifiesto el surgir de nuevos modelos de negocio impulsados por el 5G.

→ No es China, es Madrid: el pago facial llega en fase de pruebas a los autobuses de la EMT, de: <https://www.xataka.com/otros/no-china-madrid-pago-facial-llega-fase-pruebas-a-autobuses-emt>.

> Artículo sobre el proyecto piloto de un sistema biométrico en la Comunidad de Madrid impulsado por las redes 5G.

→ O-RAN ALLIANCE E. V., de: <https://www.o-ran.org/>.

> Sitio web de La Alianza O-RAN *(open radio access network)* que, traducido al español, significa "alianza de acceso radio abierto". Es una iniciativa en la industria de las telecomunicaciones que promueve la desagregación y apertura de la infraestructura de acceso radioeléctrico (RAN). En términos más sencillos, busca separar y abrir las partes clave de las redes móviles, como son las estaciones base, bajo la idea de fomentar la interoperabilidad y la innovación.